DK EYEWITNESS WORKBOOKS
Cuerpo humano

Claire Watts

Asesoramiento pedagógico
Linda B. Gambrell y Geraldine Taylor

Edición sénior Jane Yorke y Fleur Star
Edición de arte sénior Owen Peyton Jones
Edición de proyecto Sue Malyan
Edición Avanika
Edición de arte Tanisha Mandal y Peter Radcliffe
Biblioteca de imágenes DK Claire Bowers y Rose Horridge
Coordinación editorial Christine Stroyan y Shikha Kulkarni
Coordinación editorial de arte Anna Hall y Govind Mittal
Diseño de maqueta Anita Yadav y Pawan Kumar
Producción editorial Tom Morse
Coordinación de producción Sian Cheung
Diseño de cubiertas sénior Suhita Dharamjit
Coordinación editorial de cubiertas Priyanka Sharma
Coordinación de diseño de cubiertas Sophia MTT
Coordinación de publicaciones Andrew Macintyre
Dirección de arte Karen Self
Dirección de publicaciones Jonathan Metcalf

De la edición en español
Coordinación editorial Cristina Sánchez Bustamante
Asistencia editorial y producción Malwina Zagawa

Edición revisada y actualizada en 2020
Publicado originalmente en Gran Bretaña
en 2009 por Dorling Kindersley Limited,
DK, One Embassy Gardens, 8 Viaduct Gardens,
London, SW11 7BW

Parte de Penguin Random House

Título original: *Eyewitness Workbook Human Body*
Primera reimpresión 2022

Copyright © 2009, 2020 Dorling Kindersley Limited

© Traducción en español 2009, 2020
Dorling Kindersley Limited

Servicios editoriales: deleatur, s.l.
Traducción: Aurora Olivares Solina

Todos los derechos reservados. Queda prohibida, salvo excepción prevista en la Ley, cualquier forma de reproducción, distribución, comunicación pública y transformación de esta obra sin contar con la autorización de los titulares de la propiedad intelectual.

ISBN: 978-0-7440-3534-6

Impreso en China

Para mentes curiosas
www.dkespañol.com

Contenido

4 Cómo utilizar este libro
5 Cuadro de progreso

Datos básicos

6 Partes del cuerpo humano
7 El esqueleto
8 Los músculos
9 El cerebro y los nervios
10 Los sentidos
11 El corazón y la sangre
12 Pulmones y respiración
13 La digestión

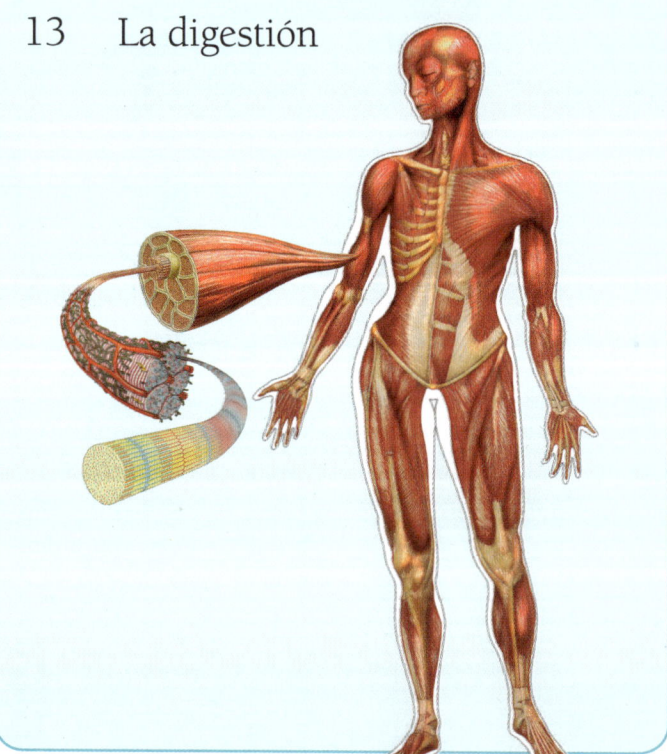

Actividades

- 14 Las células
- 15 Los sistemas corporales
- 16 Huesos grandes y pequeños
- 18 Músculos en movimiento
- 19 Sano y en forma
- 20 El encéfalo
- 21 Los reflejos
- 22 Los ojos y la vista
- 23 Ilusiones ópticas
- 24 Las orejas y el oído
- 25 La piel y el tacto
- 26 El bombeo de la sangre
- 27 Los latidos
- 28 La sangre
- 29 La respiración
- 30 Una alimentación equilibrada
- 31 El gusto y el olfato
- 32 Los dientes
- 33 ¿Qué pasa con lo que comes?
- 34 La eliminación de residuos
- 35 Mensajeros químicos
- 36 Una nueva vida
- 37 El ciclo vital humano

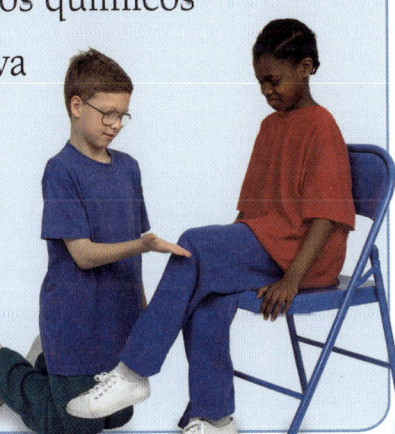

Cuestionario

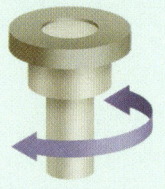

- 38 Células, tejidos y órganos
- 39 Huesos, músculos y ejercicio
- 40 Corazón, sangre y pulmones
- 41 Estómago, intestinos y alimentación
- 42 Cerebro, nervios y sentidos
- 43 Hormonas y crecimiento

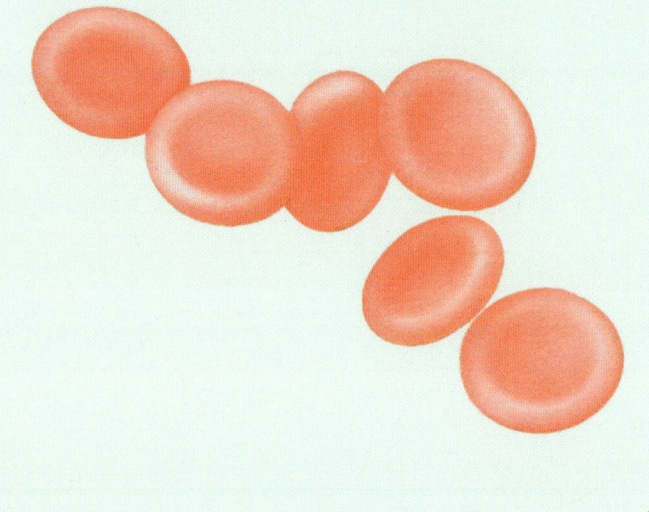

- 44 **Soluciones de las actividades**
- 46 **Soluciones del cuestionario**
- 47 **Datos sobre el cuerpo humano**
- 48 **Récords del cuerpo humano**

Para los padres

Cómo utilizar este libro

La colección de **Eyewitness Workbooks** ofrece una serie de títulos interesantes y atractivos sobre historia, ciencia y geografía. Concebidos y escritos bajo la supervisión de asesoras pedagógicas profesionales, estos libros pretenden:
- desarrollar sus conocimientos acerca de un tema importante;
- darles la oportunidad de ejercitar habilidades clave y reforzar su aprendizaje escolar;
- estimular su interés por los temas tratados.

Acerca de este libro

El libro Eyewitness sobre el **cuerpo humano** explora el funcionamiento y las características de nuestro cuerpo. En su interior encontrarán:

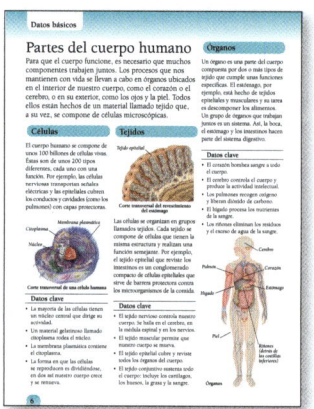

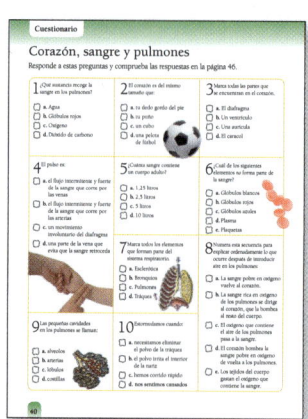

Datos básicos

Esta sección presenta la información clave de manera concisa, cosa que permite procesarla, memorizarla y recordarla. Antes de realizar las actividades, animen a sus hijos a leer y estudiar primero la valiosa información que encontrarán en esta sección y al final del libro.

Actividades

Las divertidas actividades del libro pretenden desarrollar la memoria y la capacidad de relacionar la información de sus hijos. Todos los ejercicios se pueden completar con la información de la misma página, de la sección Datos básicos o de las dos últimas páginas del libro.

Cuestionario

Sus hijos podrán evaluar los nuevos conocimientos mediante seis páginas de preguntas. Es conveniente que los niños no contesten este cuestionario antes de completar todas las actividades.

Información importante

- Para la prueba de sabor de la página 31, eviten los alimentos que puedan producir alergia a quien la haga. Las demás actividades se pueden realizar sin supervisión, aunque en la de la página 28 es necesario que participe un adulto.
- Si sus hijos se interesan por alguna materia, intenten ampliar las actividades. Así, por ejemplo, su hijo o su hija podría apuntar en un diario todo lo que come y comprobar si se adecúa a la pirámide alimentaria de la página 30.
- Animen a sus hijos a dirigir sus propias investigaciones. Podrían observar su propia piel con una lupa, por ejemplo.

CUADRO DE PROGRESO

A medida que vayas completando las Actividades y el Cuestionario, comprueba tus respuestas y a continuación colorea una estrella dorada en la casilla correspondiente.

Página	Tema	Estrella	Página	Tema	Estrella	Página	Tema	Estrella
14	Las células	☆	24	Las orejas y el oído	☆	34	La eliminación de residuos	☆
15	Los sistemas corporales	☆	25	La piel y el tacto	☆	35	Mensajeros químicos	☆
16	Huesos grandes y pequeños	☆	26	El bombeo de la sangre	☆	36	Una nueva vida	☆
17	Huesos grandes y pequeños	☆	27	Los latidos	☆	37	El ciclo vital humano	☆
18	Músculos en movimiento	☆	28	La sangre	☆	38	Células, tejidos y órganos	☆
19	Sano y en forma	☆	29	La respiración	☆	39	Huesos, músculos y ejercicio	☆
20	El encéfalo	☆	30	Una alimentación equilibrada	☆	40	Corazón, sangre y pulmones	☆
21	Los reflejos	☆	31	El gusto y el olfato	☆	41	Estómago, intestinos y alimentación	☆
22	Los ojos y la vista	☆	32	Los dientes	☆	42	Cerebro, nervios y sentidos	☆
23	Ilusiones ópticas	☆	33	¿Qué pasa con lo que comes?	☆	43	Hormonas y crecimiento	☆

Datos básicos

Partes del cuerpo humano

Para que el cuerpo funcione, es necesario que muchos componentes trabajen juntos. Los procesos que nos mantienen con vida se llevan a cabo en órganos ubicados en el interior de nuestro cuerpo, como el corazón o el cerebro, o en su exterior, como los ojos y la piel. Todos ellos están hechos de un material llamado tejido que, a su vez, se compone de células microscópicas.

Células

El cuerpo humano se compone de unos 100 billones de células vivas. Estas son de unos 200 tipos diferentes, cada uno con una función. Por ejemplo, las células nerviosas transportan señales eléctricas y las epiteliales cubren los conductos y cavidades (como los pulmones) con capas protectoras.

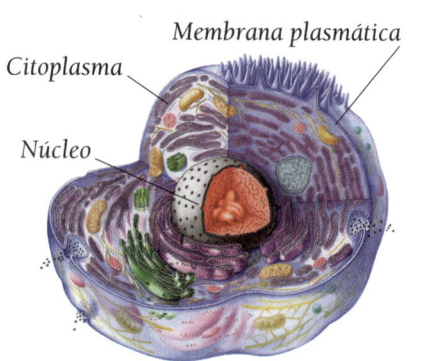

Corte transversal de una célula humana

Datos clave

- La mayoría de las células tienen un núcleo central que dirige su actividad.
- Un material gelatinoso llamado citoplasma rodea el núcleo.
- La membrana plasmática contiene el citoplasma.
- La forma en que las células se reproducen es dividiéndose en dos, así nuestro cuerpo crece y se renueva.

Tejidos

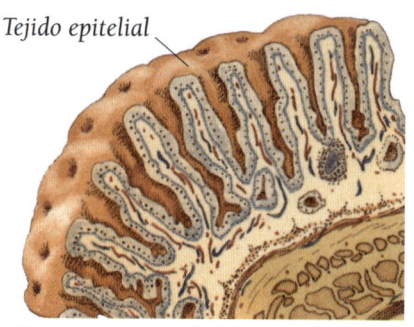

Corte transversal del revestimiento del estómago

Las células se organizan en grupos llamados tejidos. Cada tejido se compone de células que tienen la misma estructura y realizan una función semejante. Por ejemplo, el tejido epitelial que reviste los intestinos es un conglomerado compacto de células epiteliales que sirve de barrera protectora contra los microorganismos de la comida.

Datos clave

- El tejido nervioso controla nuestro cuerpo. Se halla en el cerebro, en la médula espinal y en los nervios.
- El tejido muscular permite que nuestro cuerpo se mueva.
- El tejido epitelial cubre y reviste todos los órganos del cuerpo.
- El tejido conjuntivo sustenta todo el cuerpo: incluye los cartílagos, los huesos, la grasa y la sangre.

Órganos

Un órgano es una parte del cuerpo compuesta por dos o más tipos de tejido que cumple unas funciones específicas. El estómago, por ejemplo, está hecho de tejidos epiteliales y musculares y su tarea es descomponer los alimentos. Un grupo de órganos que trabajan juntos es un sistema. Así, la boca, el estómago y los intestinos hacen parte del sistema digestivo.

Datos clave

- El corazón bombea sangre a todo el cuerpo.
- El cerebro controla el cuerpo y produce la actividad intelectual.
- Los pulmones recogen oxígeno y liberan dióxido de carbono.
- El hígado procesa los nutrientes de la sangre.
- Los riñones eliminan los residuos y el exceso de agua de la sangre.

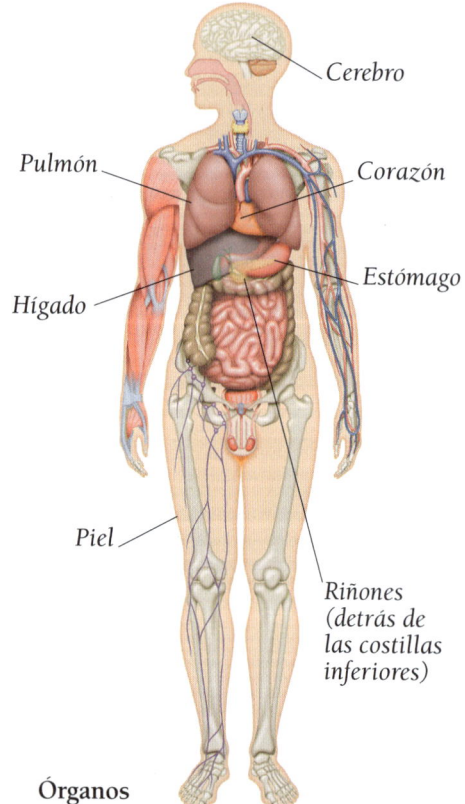

Órganos

Datos básicos

El esqueleto

Una fuerte estructura ósea, llamada esqueleto, sostiene nuestro cuerpo. Los huesos, además, protegen los tejidos internos y los órganos. Son duros y rígidos, pero pueden moverse en sus junturas, las articulaciones. Según su función, los huesos varían de tamaño y de forma, de los grandes y resistentes huesos de las piernas a los pequeños huesos del oído que nos ayudan a detectar los sonidos.

Sistema esquelético

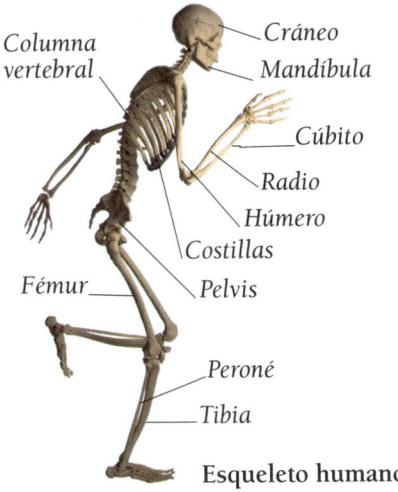

Columna vertebral, Cráneo, Mandíbula, Cúbito, Radio, Húmero, Costillas, Fémur, Pelvis, Peroné, Tibia

Esqueleto humano

Un cuerpo humano adulto tiene 206 huesos, que, juntos, forman el sistema óseo o esqueleto. La columna vertebral une la base del cráneo con la base de la pelvis. Todos los demás huesos están simétricamente dispuestos a ambos lados del cuerpo.

Datos clave

- La columna, el cráneo y el tórax forman el esqueleto axial, cuya función principal es proteger los órganos.
- Brazos, hombros, piernas y pelvis forman el esqueleto apendicular, que permite al cuerpo moverse.
- Los omóplatos y las caderas unen el esqueleto apendicular con la columna vertebral.

Huesos

La parte más dura de los huesos es su capa exterior, el hueso compacto. En su interior hay un tejido graso llamado médula. En los extremos de los huesos hay unas pequeñas cámaras de aire que los hacen más ligeros, pero duros. Una especie de cordones muy resistentes, los tendones, los unen a los músculos que controlan su movimiento.

Datos clave

- Los huesos están hechos de tejido vivo y, como el resto de los tejidos, sus células se regeneran continuamente.
- La médula de algunos huesos produce nuevas células sanguíneas.
- Los huesos almacenan el calcio, mineral que necesitan los nervios y los músculos para funcionar.

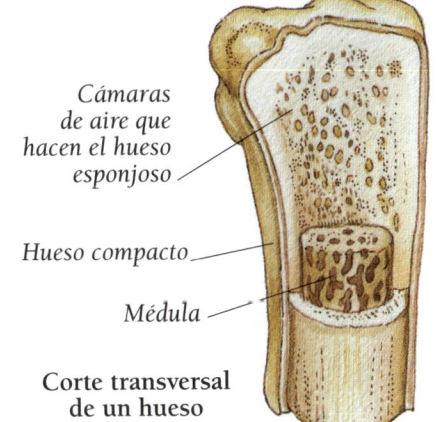

Cámaras de aire que hacen el hueso esponjoso
Hueso compacto
Médula

Corte transversal de un hueso

Articulaciones

Los huesos se unen en las articulaciones. En estas, la superficie del hueso está cubierta por un cartílago y lubricada con líquido sinovial, que suaviza el movimiento. La mayoría de las articulaciones se mantienen unidas gracias a los ligamentos. Algunas articulaciones, como las rodillas, pueden moverse en un solo sentido, mientras que otras, como los hombros, permiten una mayor movilidad.

Tipos de articulaciones

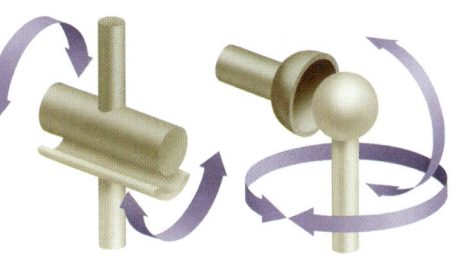

Articulación de bisagra, como la rodilla
Articulación enartrósica, como el hombro

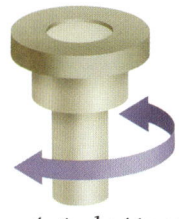 

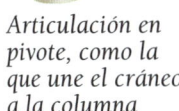

Articulación en pivote, como la que une el cráneo a la columna
Articulación elipsoidea, como la muñeca

Datos clave

- Las articulaciones con menos variedad de movimiento, como las rodillas, son las más fuertes.
- Las articulaciones con más variedad de movimiento, como los hombros, son más débiles y se pueden dislocar.
- Los huesos del cráneo se unen en puntos fijos que no permiten ningún tipo de movimiento.

Datos básicos

Los músculos

Bajo la piel, la carne se compone de capas de un tejido fibroso y fuerte llamado músculo. Cada uno de nuestros movimientos depende de los músculos, desde los automáticos, como respirar, hasta los conscientes, como masticar. Los movimientos musculares son provocados por impulsos eléctricos procedentes del cerebro.

Movimiento

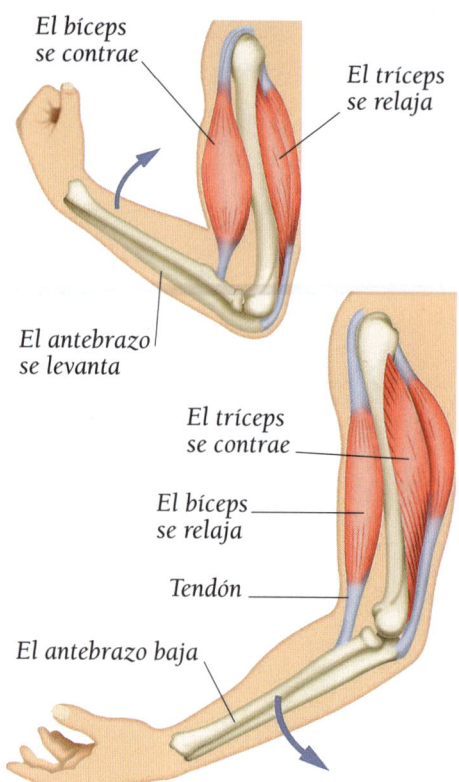

Movimiento del brazo

La gran mayoría de los músculos esqueléticos están unidos a uno o más huesos y se extienden de un hueso a otro salvando las articulaciones. Cuando el músculo se contrae, tira del hueso al que está unido y provoca un movimiento. Muchos músculos trabajan en pareja, y mientras uno se contrae, el otro se relaja.

Datos clave

- Los músculos esqueléticos están unidos a los huesos por una especie de cordones muy resistentes llamados tendones.
- Cuando el cuerpo no se mueve, los músculos están parcialmente contraídos para así mantener la postura corporal.
- Los músculos no pueden empujar: solo pueden tirar de los huesos de manera que se acerquen o se alejen.

Músculos

Los músculos están compuestos de gruesos haces de fibras superpuestas. Cada fibra contiene unas pequeñas hebras paralelas llamadas miofibrillas. Las señales nerviosas contraen las miofibrillas. Esto hace que las fibras se acorten y endurezcan, lo que produce una fuerza que mueve el órgano o el hueso al que el músculo está unido.

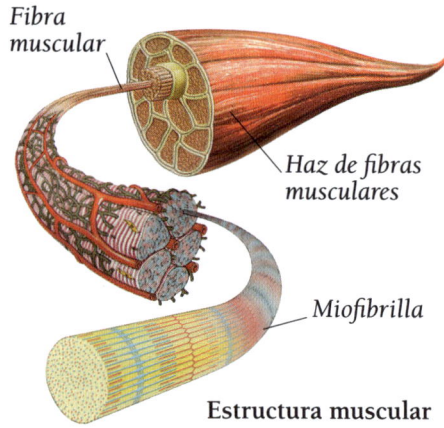

Estructura muscular

Datos clave

- Los músculos esqueléticos hacen movimientos conscientemente controlados por el cerebro, como por ejemplo andar.
- Los músculos lisos llevan a cabo las funciones involuntarias del cuerpo humano, como empujar la comida a través del sistema digestivo.
- El músculo cardíaco se contrae constantemente para que no deje de latir el corazón.

Músculos esqueléticos

La mayoría de los músculos del cuerpo son esqueléticos; estos se caracterizan por tener largas fibras que pueden contraerse rápidamente y con mucha fuerza. Algunos son pequeños, como los que mueven los globos oculares, y otros son muy grandes, como el deltoides, el músculo triangular que mueve el hombro.

Datos clave

- El 40 % del peso de la persona lo constituyen los más de 600 músculos esqueléticos que tiene el cuerpo.
- Los músculos que están justo debajo de la piel se llaman superficiales; los internos, profundos.

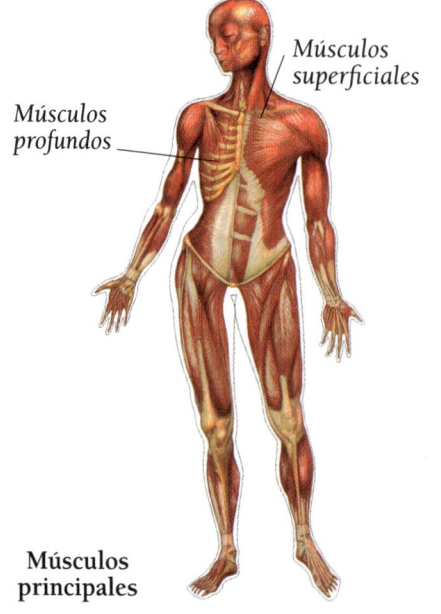

Músculos principales

El cerebro y los nervios

El sistema nervioso controla casi todo lo que ocurre en el cuerpo. Se compone del encéfalo (cerebro), la médula espinal y los nervios, que se extienden a todas las partes del cuerpo. Esta vasta red detecta todo lo que pasa en el cuerpo y en su entorno y da instrucciones sobre cómo debe reaccionar.

Sistema nervioso

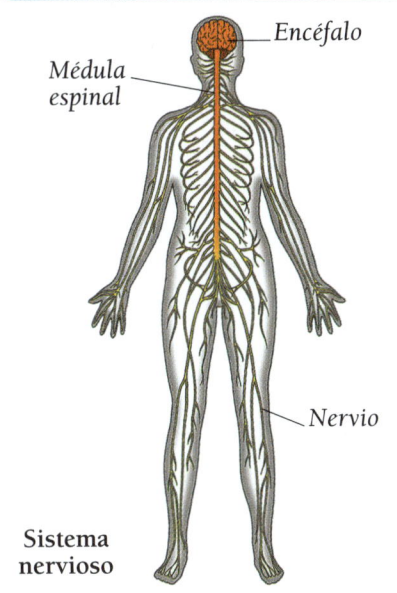

Sistema nervioso

El encéfalo y la médula espinal conforman el sistema nervioso central. Dichos órganos reciben información de la red nerviosa que se extiende por todo el cuerpo, la analizan y, en caso necesario, mandan instrucciones a través de los nervios. Así, por ejemplo, si te pinchas un dedo, envían la orden de apartar la mano.

Datos clave

- La médula espinal es un haz de nervios que parte del encéfalo y pasa por el interior de la columna vertebral
- El encéfalo y la médula espinal controlan los actos involuntarios, como respirar.

Encéfalo

La superficie del cerebro, la parte más grande del encéfalo, está cubierta de pliegues y se divide en dos hemisferios. El cerebro sobresale por encima del cerebelo y el tronco encefálico. Su capa exterior, la materia gris, se compone de neuronas y controla las funciones cerebrales complejas, como el pensamiento. Su capa interior, la materia blanca, se compone de fibras nerviosas que transmiten los impulsos eléctricos.

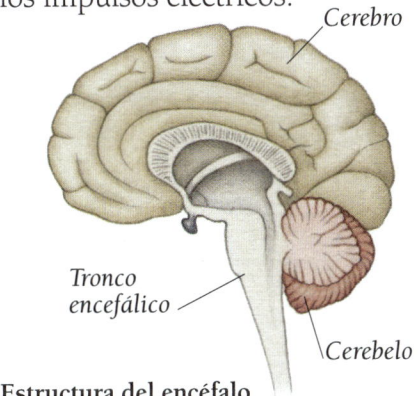

Estructura del encéfalo

Datos clave

- El tronco encefálico controla la digestión, la respiración y el latido cardíaco.
- El cerebelo se encarga de controlar la coordinación muscular.
- El pensamiento consciente se da en el cerebro e incluye la memoria, el aprendizaje, el habla y el control consciente de los movimientos.

Datos básicos

Nervios

Una célula nerviosa, o neurona, consta de tres partes: el cuerpo celular, las dendritas y una larga fibra denominada axón. Los nervios se componen de haces de axones. Las señales llegan a las terminaciones nerviosas a través de los axones como impulsos eléctricos, a unos 400 km/h. A continuación, pasan a las dendritas de las otras neuronas.

Datos clave

- Los 12 pares de nervios que se ramifican a partir del cerebro son los nervios craneales.
- Los 31 pares que parten de la médula espinal son los nervios espinales.
- Las neuronas sensoriales mandan los mensajes provocados por las sensaciones al sistema nervioso central.
- Las neuronas motoras envían señales del sistema nervioso central a los músculos y estos se contraen.
- Las interneuronas transmiten señales de unas neuronas a otras.

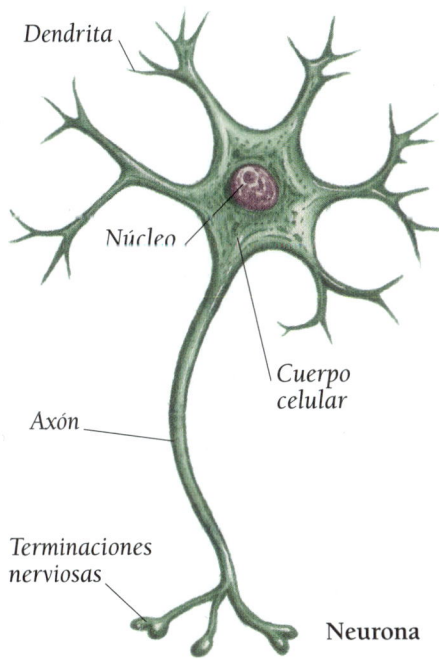

Neurona

Datos básicos

Los sentidos

Los seres humanos tenemos cinco sentidos: vista, oído, gusto, olfato y tacto. Los sentidos informan al cerebro sobre lo que ocurre en nuestro entorno. Los cinco órganos sensoriales (ojos, oídos, lengua, nariz y piel) poseen neuronas especializadas que detectan la información del mundo exterior, como la luz o el sonido, y la convierten en señales nerviosas que viajan hasta el cerebro.

Vista

Los ojos son unas bolsas redondas de líquido gelatinoso recubiertas de una sustancia resistente y blanca llamada esclerótica. En la parte trasera del ojo se encuentra la retina, cubierta de miles de millones de células (bastones y conos) que reaccionan ante la luz. Los bastones ven en blanco y negro, y los conos ven en color.

Datos clave

- Los rayos de luz penetran en el ojo a través de la pupila.
- La luz se enfoca en la retina a través de la córnea y el cristalino.
- Las células de la retina sensibles a la luz recogen la imagen percibida y la mandan al cerebro a través del nervio óptico.

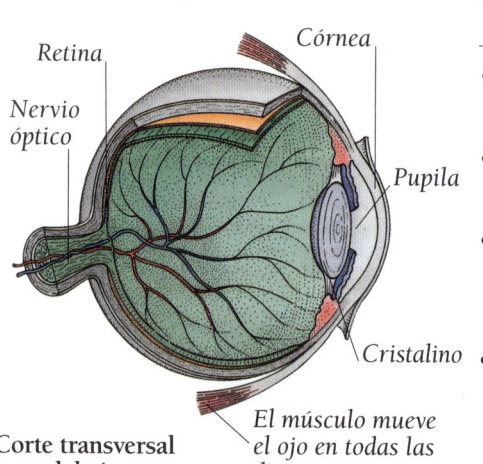

Corte transversal del ojo

Oído

El sonido está compuesto de vibraciones, que recogen los oídos y las convierten en señales eléctricas que se transmiten al cerebro. El oído se encuentra en su mayor parte dentro del cráneo; la única parte que queda a la vista es el pabellón auricular (oreja).

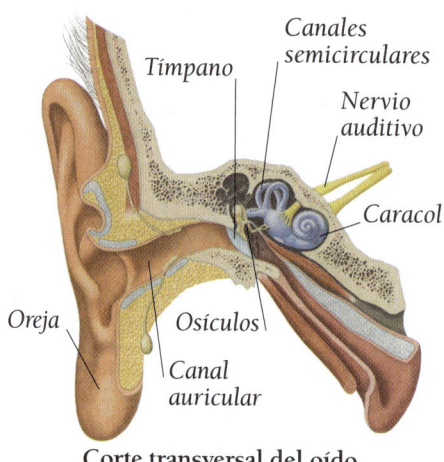

Corte transversal del oído

Datos clave

- El pabellón auricular conduce el sonido hacia el canal auditivo.
- Las ondas sonoras rebotan en el tímpano y lo hacen vibrar.
- Unos diminutos huesos llamados osículos amplían las vibraciones y las transmiten al caracol.
- El líquido del caracol vibra y mueve millones de diminutos cilios que envían señales nerviosas al cerebro a través del nervio auditivo.

Gusto y olfato

El gusto detecta sustancias químicas en la saliva, mientras que el olfato las detecta en el aire. El olfato puede funcionar sin el gusto, pero no al contrario.

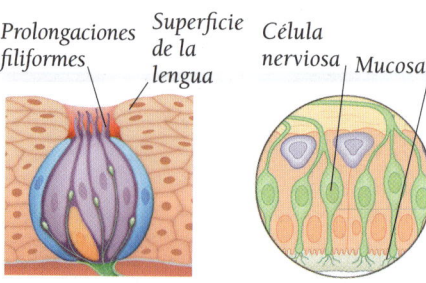

Corte transversal de una papila gustativa   Receptor olfativo

Datos clave

- La mayoría de sabores los detectan las papilas gustativas de la lengua, aunque hay más receptores gustativos esparcidos por la boca.
- Los receptores olfativos, ubicados tras el puente nasal, perciben el olor.

Tacto

Receptores sensoriales distribuidos por todo el cuerpo permiten detectar la temperatura, la forma, el tamaño y la textura de las cosas, así como sentir dolor.

Datos clave

- Algunas partes del cuerpo, como los dedos y la lengua, tienen más receptores sensoriales que el resto, por lo que son más sensibles.
- Cada tipo de receptor táctil detecta sensaciones diferentes.

Frío   Calor   Tacto   Dolor   Presión

Receptores táctiles

El corazón y la sangre

La sangre fluye por todo el cuerpo a través de un circuito continuo formado por una red de vasos sanguíneos de miles de kilómetros. Proporciona oxígeno y nutrientes a todos los tejidos y se lleva los residuos. El sistema circulatorio funciona gracias al corazón, un órgano del tamaño de un puño que hace de bomba.

Sangre

El color de la sangre se debe a los millones de glóbulos rojos que contiene. Estos flotan en el plasma, junto con los glóbulos blancos y las plaquetas. La sangre transporta oxígeno, nutrientes y residuos. Además, combate las infecciones y regula la temperatura corporal distribuyendo el calor por todas sus partes.

Datos clave

- Los glóbulos rojos almacenan el oxígeno y lo liberan por todo el cuerpo.
- Los glóbulos blancos detectan y destruyen los microorganismos que causan las enfermedades.
- Las plaquetas crean coágulos para evitar pérdidas de sangre.
- El plasma transporta los nutrientes y las hormonas.
- La sangre es un tejido conjuntivo, como el hueso o el cartílago, pero a diferencia de estos es líquido.

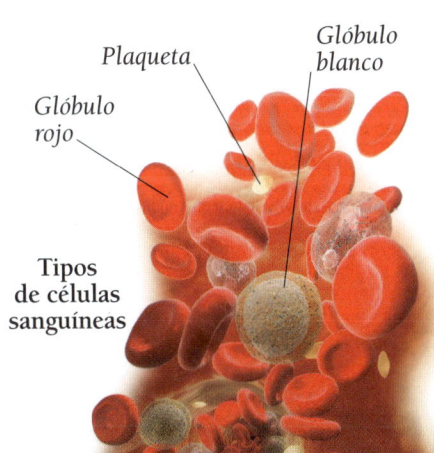

Tipos de células sanguíneas

Corazón

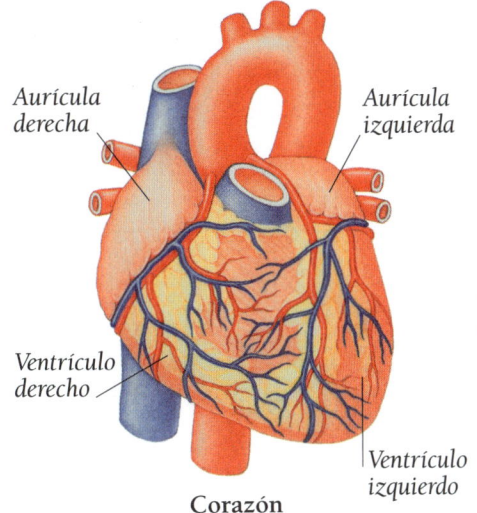

Corazón

El corazón es un músculo situado entre los pulmones, ligeramente inclinado hacia el lado izquierdo. Se contrae cada 0,8 segundos para bombear sangre a todo el cuerpo. En cada contracción, sus válvulas se cierran para evitar que la sangre vuelva atrás; esto produce el ruido sordo de los latidos.

Datos clave

- El corazón tiene dos cavidades superiores, las aurículas, y dos inferiores, los ventrículos.
- La sangre entra en las aurículas y, cuando se llenan, bombean la sangre a los ventrículos.
- Los ventrículos se encargan de bombear la sangre a los pulmones y a todo el cuerpo.

Datos básicos

Sistema circulatorio

La sangre de los pulmones recoge el oxígeno y prosigue hacia el corazón, que la bombea a todo el cuerpo. A lo largo de su trayecto a través de los vasos sanguíneos, libera oxígeno en las células circundantes y recoge el dióxido de carbono residual. La sangre pobre en oxígeno regresa al corazón, que la bombea a los pulmones para que recoja más oxígeno.

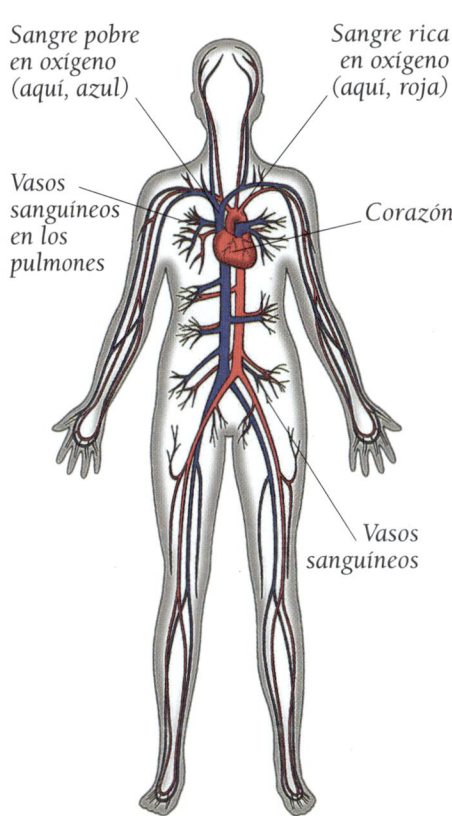

Circulación de la sangre

Datos clave

- Los vasos que transportan la sangre rica en oxígeno del corazón y los pulmones al cuerpo son las arterias.
- Los que transportan la sangre pobre en oxígeno de vuelta al corazón y los pulmones se llaman venas.
- La sangre tarda alrededor de un minuto en pasar por los pulmones y recorrer todo el cuerpo.

11

Datos básicos

Pulmones y respiración

En un día realizamos unas 20 000 inspiraciones, con las que introducimos aire en nuestros pulmones. Los órganos que conforman el sistema respiratorio extraen oxígeno del aire y lo distribuyen por el cuerpo a través de la sangre. Las células necesitan un suministro constante de oxígeno para liberar la energía procedente de la comida ingerida.

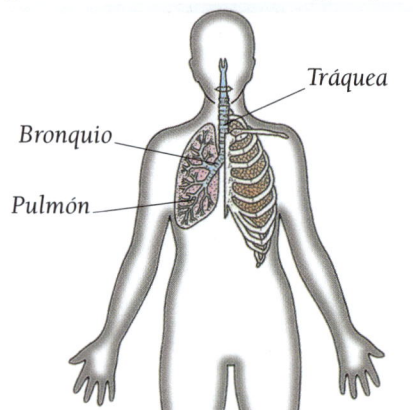
Situación de los órganos respiratorios

Sistema respiratorio

Cada vez que respiramos, el aire se introduce en nuestro cuerpo a través de la nariz y la boca, baja por la tráquea y llega a los pulmones. Allí, el oxígeno es absorbido por el torrente sanguíneo, que recorre todo el cuerpo. El dióxido de carbono residual pasa de la sangre a los pulmones y abandona el cuerpo cada vez que espiramos.

Datos clave

- En la nariz el aire que entra se calienta y se humedece, a la vez que se filtran las partículas dañinas.
- Una válvula cartilaginosa, llamada epiglotis, evita que la comida y los líquidos entren en la tráquea.
- La tráquea se divide en dos grandes conductos llamados bronquios, cada uno de los cuales penetra en un pulmón.

Pulmones

Dentro del tórax tenemos dos pulmones, rosas y esponjosos. En su interior, los bronquios se ramifican en conductos llamados bronquiolos. Al final de cada uno de ellos hay un pequeño saco de aire conocido como alveolo. El oxígeno traspasa las paredes alveolares para entrar en los vasos sanguíneos, mientras que el dióxido de carbono sigue el camino inverso.

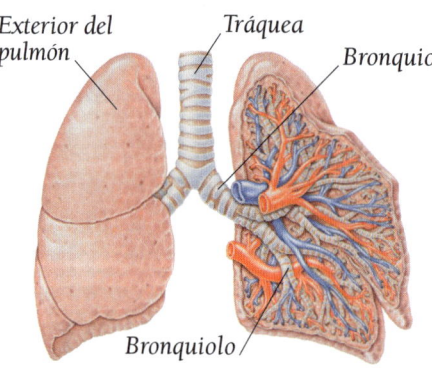
Interior de los pulmones

Datos clave

- El pulmón derecho se divide en tres partes o lóbulos. El izquierdo, en cambio, solo tiene dos, para dejar espacio al corazón.
- Cada minuto pasan entre cinco y seis litros de aire por nuestros pulmones.
- Cada pulmón contiene millones de alveolos, que parecen racimos de uvas que cuelgan de los bronquiolos.

Respiración

Al respirar, los pulmones se expanden y menguan de manera rítmica, de modo que entra y sale aire del cuerpo sin parar. Un adulto inspira y espira de 12 a 15 veces por minuto, y toma medio litro de aire en cada ocasión.

Datos clave

- La respiración se produce gracias a los movimientos de las costillas y del diafragma, un músculo plano situado bajo la caja torácica.

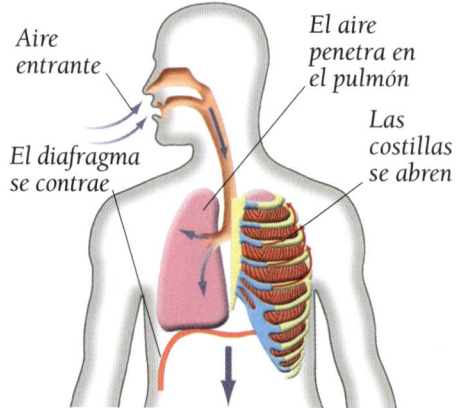
Inspiración

- Para que entre aire en los pulmones, el diafragma empuja hacia abajo y las costillas se mueven arriba y afuera, así la capacidad torácica es mayor.

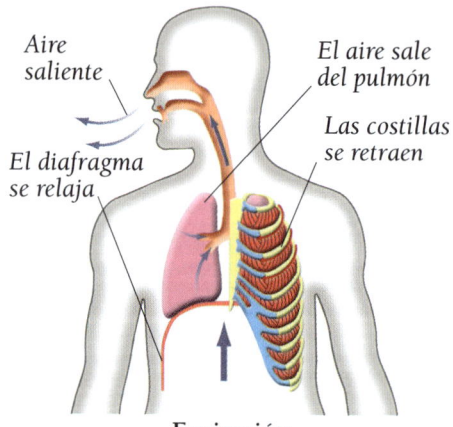
Espiración

- Para expulsar el aire, el diafragma se relaja y sube, y las costillas se retraen, lo cual disminuye la capacidad torácica.

La digestión

Para regenerarse y conseguir la energía que sus procesos requieren, el cuerpo necesita alimentos. Pero para beneficiarse de ellos, antes debe descomponerlos en sus distintos nutrientes para que puedan ser absorbidos por la sangre. Este proceso consistente en descomponer y absorber los alimentos se denomina digestión.

Sistema digestivo

El órgano principal del sistema digestivo es un largo tubo muscular llamado tracto digestivo. Este se divide en cuatro partes: el esófago, el estómago, el intestino grueso y el intestino delgado. El páncreas, la vesícula biliar y el hígado también participan en la digestión.

Datos clave

- La digestión comienza en la boca, donde los dientes trituran la comida.
- La saliva ablanda la comida para que esta pase bien por la garganta.
- La lengua forma una bola con la comida y la empuja hacia la garganta, que la traga.
- Los alimentos entran en el esófago y bajan hasta el estómago.

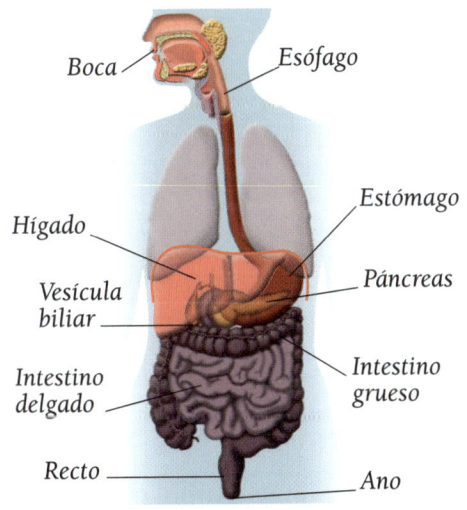

Órganos del sistema digestivo

Estómago

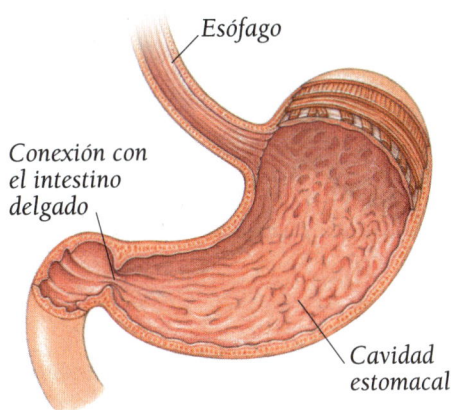

Corte transversal del estómago

Las contracciones musculares de las paredes del estómago remueven los alimentos que hay en su interior. Sus paredes segregan ácido clorhídrico y otras sustancias que, gradualmente, convierten el bolo alimenticio en un líquido llamado quimo. El quimo entra en el intestino delgado a pequeños chorros.

Datos clave

- Los alimentos tardan en bajar por el esófago y llegar al estómago unos 10 segundos.
- Los alimentos pasan unas 4 horas en el estómago.
- El ácido del estómago es tan potente que puede disolver el metal.
- La mucosa gástrica que reviste las paredes del estómago evita que el ácido digiera las propias paredes.

Datos básicos

Intestinos

El intestino delgado está revestido de millones de vellosidades, repletas de vasos sanguíneos. Los nutrientes del quimo pasan a la sangre a través de las paredes de las vellosidades. Cuando el quimo llega al intestino grueso, se compone básicamente de agua y residuos. El torrente sanguíneo absorbe el agua y los residuos llegan al recto en forma de heces.

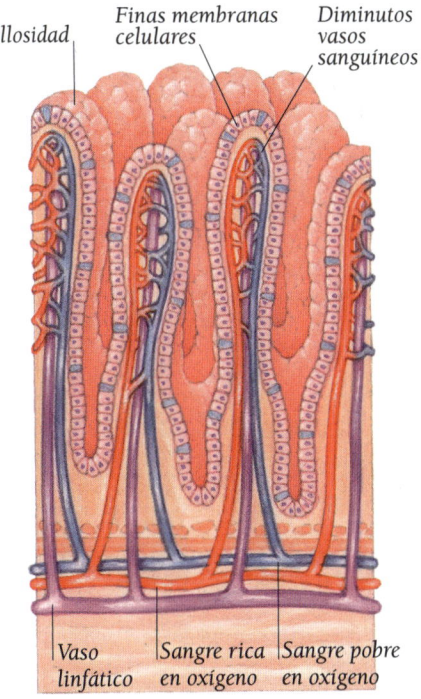

Pared del intestino delgado

Datos clave

- El intestino delgado tiene una longitud de 5 m.
- El intestino grueso mide solo 1,5 m, pero es más ancho que el delgado.
- La comida puede pasar hasta 5 horas en el intestino delgado.
- La comida puede pasar hasta 36 horas en el intestino grueso.
- Las heces llegan al recto entre 20 y 45 horas después de que hayamos deglutido la comida.

Actividades

Las células

El cuerpo humano reúne unos 200 tipos distintos de células; cada tipo lleva a cabo una función específica y su forma está diseñada para ella. Así, por ejemplo, las células de la piel están muy juntas, de modo que conforman la capa protectora que recubre el cuerpo.

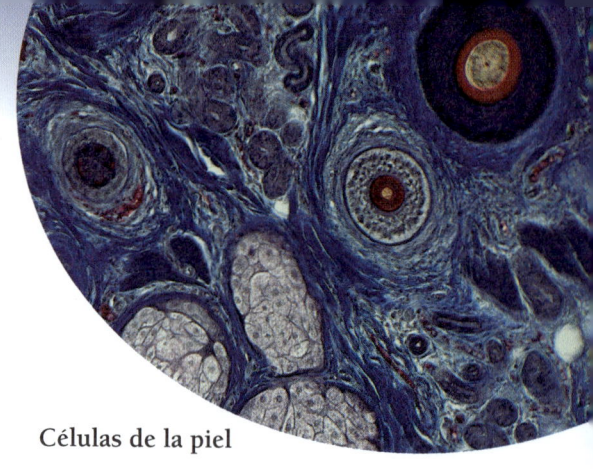

Células de la piel

Formas celulares

Relaciona las imágenes de las células con el texto que las describe.

a.

1. Una **célula muscular** se compone de compactos haces de fibras.

2. El **espermatozoide** tiene un cuerpo esférico y una larga cola para nadar.

b.

c.

d.

3. Los **glóbulos rojos** son discos dentados con una amplia superficie para absorber el oxígeno.

4. Una **neurona** conduce señales eléctricas a lo largo del fino axón.

e.

5. El **óvulo** es la célula más grande del cuerpo humano. Si se une a un espermatozoide puede desarrollar un bebé.

Ejercicio de las células y los tejidos

Completa los enunciados sobre células y tejidos subrayando las opciones correctas. Usa la información de esta página y la de la página 6.

1. Cada tipo de tejido se compone de **cientos de tipos / un solo tipo / al menos dos tipos** de célula.

2. El cuerpo humano contiene unos **2 / 20 / 200** tipos de células.

3. Un **músculo / glóbulo blanco / espermatozoide** tiene una cola para nadar.

4. Cada uno de los órganos del cuerpo se compone de **un solo tipo / solo dos tipos / dos o más tipos** de tejido.

¿Sabías que…?

Algunas de tus células intestinales viven solo tres días. Una célula del cerebro puede durarte toda la vida.

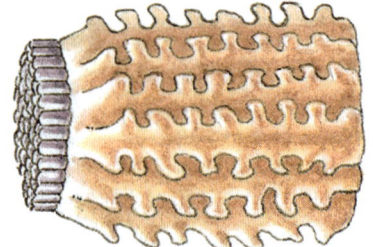

Células intestinales

Actividades

Los sistemas corporales

Un grupo de órganos y tejidos que trabajan juntos para realizar una tarea, como digerir la comida o mover el cuerpo, constituye un sistema. Cada sistema depende de los demás para funcionar. Así, por ejemplo, el sistema muscular mueve los huesos que conforman el óseo.

¿Sabías que…?

El órgano más grande es la piel. Esta forma parte del sistema tegumentario (estructura superficial), que también incluye el pelo y las uñas. La piel de un adulto cubre un área de 2 m^2.

Descubre el sistema

¿Puedes nombrar los siguientes sistemas? Utiliza la información del recuadro de definiciones y la de las páginas finales del libro. Las opciones son:

**nervioso   circulatorio   muscular   digestivo
respiratorio   óseo**

Definiciones de los sistemas

Nervioso: transfiere mensajes por todo el cuerpo.
Componentes principales: nervios, encéfalo, médula espinal

Muscular: mueve el cuerpo.
Componentes principales: músculos

Circulatorio: transporta la sangre por todo el cuerpo.
Componentes principales: corazón, vasos sanguíneos

Respiratorio: abastece al cuerpo de oxígeno.
Componentes principales: pulmones

Digestivo: procesa los alimentos.
Componentes principales: estómago, intestinos

Óseo: sustenta el cuerpo.
Componentes principales: huesos

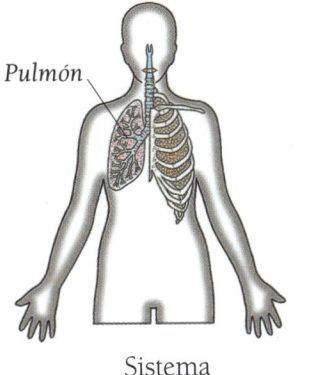

Pulmón

Sistema
1. ....

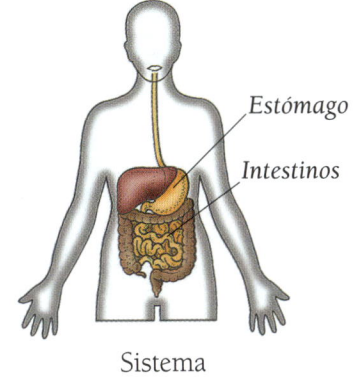

Estómago
Intestinos

Sistema
2. ....

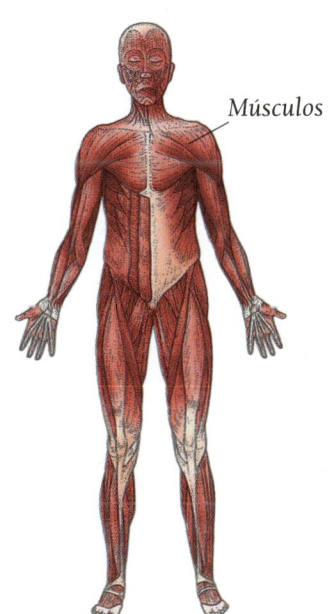

Músculos

Sistema
3. ....

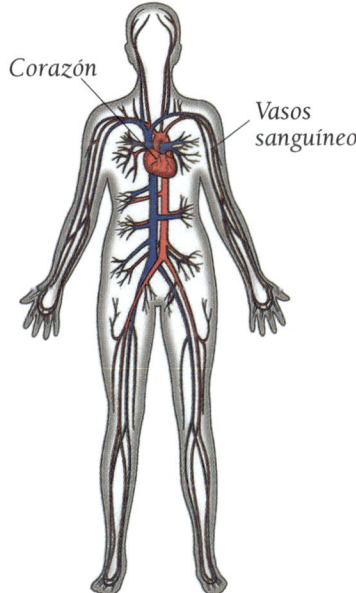

Corazón
Vasos sanguíneos

Sistema
4. ....

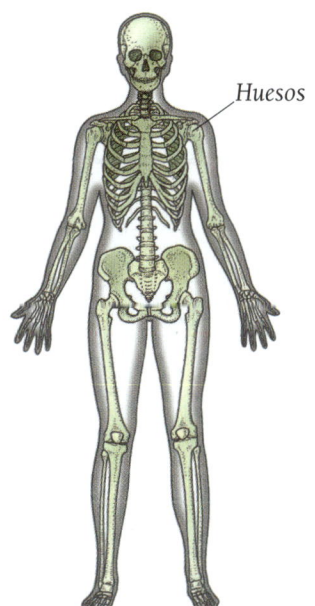

Huesos

Sistema
5. ....

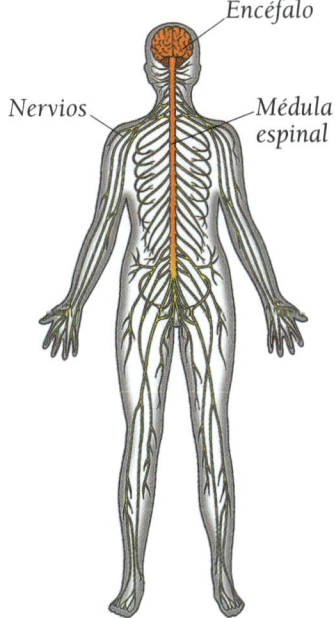

Encéfalo
Nervios
Médula espinal

Sistema
6. ....

15

Actividades

Huesos grandes y pequeños

Los 206 huesos que componen el esqueleto se dividen en cinco grupos, en función de su forma. Están unidos entre sí mediante 400 articulaciones que nos permiten hacer una gran cantidad de movimientos, desde asentir con la cabeza hasta dar volteretas en el aire.

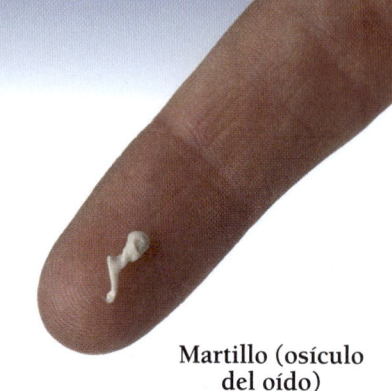

Martillo (osículo del oído)

El juego del esqueleto

Consulta las páginas 7 y 15 para dibujar los huesos que faltan en el esqueleto. Luego, une cada nombre con el hueso correspondiente.

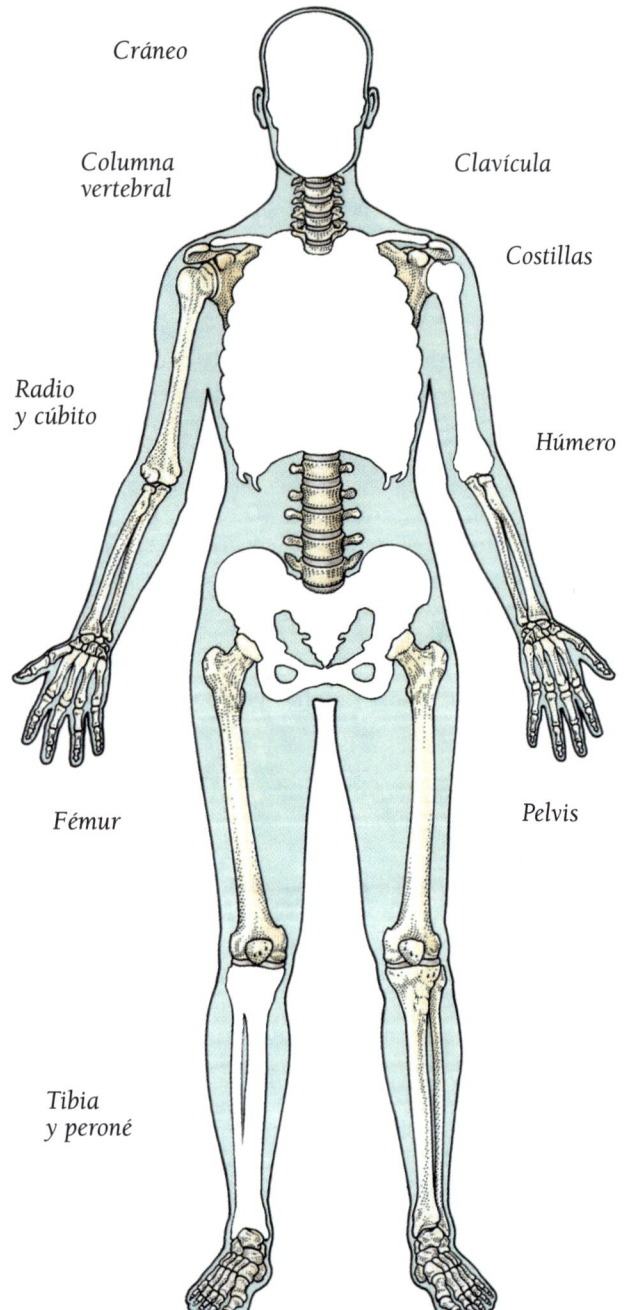

Cráneo
Columna vertebral
Clavícula
Costillas
Radio y cúbito
Húmero
Fémur
Pelvis
Tibia y peroné

Clasifica los huesos

¿Podrías decir a qué tipo pertenece cada uno de los siguientes huesos? Escribe el número correcto en cada casilla.

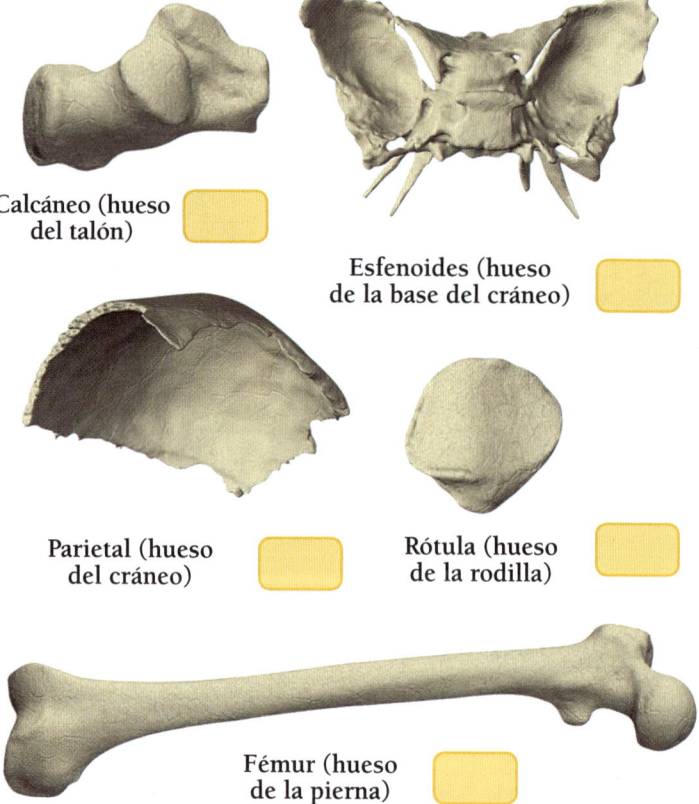

Calcáneo (hueso del talón)

Esfenoides (hueso de la base del cráneo)

Parietal (hueso del cráneo)

Rótula (hueso de la rodilla)

Fémur (hueso de la pierna)

1. Los **huesos largos** son como barras largas y rectas con los extremos más anchos y abombados.
2. Los **huesos cortos** son esféricos o cúbicos.
3. Los **huesos planos** son laminares; casi todos se hallan en el cráneo.
4. Los **huesos irregulares** tienen formas muy diversas.
5. Los **huesos sesamoides** son unos huesos pequeños y redondeados que se hallan incrustados en los tendones de las articulaciones.

Actividades

¿Sabías que…?

En un adulto, un hueso largo (como el fémur) que se rompe tarda solo seis semanas en soldarse. Los huesos de los niños lo hacen aún más rápido.

Datos sobre los huesos

- Cuando un feto (un embrión en el útero) empieza a desarrollar el esqueleto, este no es de hueso, sino de un tejido flexible y resistente llamado cartílago.
- Una parte de ese tejido se endurecerá y se convertirá en hueso antes de que el niño nazca. Un bebé tiene unos 300 huesos separados y abundante cartílago entre ellos.
- A los 20 años la mayoría de los huesos se han solidificado. Este esqueleto adulto ya ha dejado de crecer y posee solo 206 huesos.
- Las células óseas continúan fabricando hueso nuevo para remplazar al que se ha desgastado.
- El tejido óseo de una persona mayor tarda más en regenerarse y es más frágil. Los huesos de una persona de 70 años pueden pesar dos terceras partes de lo que pesaban a los 40 años.

Ejercicio de las articulaciones

Completa las siguientes afirmaciones con los nombres de articulaciones o partes del cuerpo que se dan a continuación. Consulta la información de la página 7.

ARTICULACIONES
elipsoidea
enartrósica
de bisagra
en pivote

PARTES DEL CUERPO
cabeza
hombro
muñeca
rodilla

1. Un nadador usa la articulación ………………………….. de su …………………….. para levantar el brazo cuando nada a crol.

2. Un golfista mueve la articulación …………….. de su ……………….. para mover la mano y girar el palo.

3. Un futbolista usa la articulación …………….. de su ……………….. para flexionar la pierna y patear la pelota.

4. Una bailarina siempre mira al frente mientras baila. Para ello debe girar la ……………….. mediante la articulación ………………………………..

¿Verdadero o falso?

Lee los siguientes enunciados sobre los huesos. Decide cuáles son verdaderos y cuáles no lo son y marca la casilla que corresponda. Usa la información de la página 7.

	VERDADERO	FALSO
1. Un recién nacido tiene más de 300 huesos separados.	☐	☐
2. Los huesos de las personas mayores son más ligeros.	☐	☐
3. Los extremos de los huesos están llenos de pequeñas cavidades de aire.	☐	☐
4. El esqueleto para de crecer a los 18 meses, aproximadamente.	☐	☐

Actividades

Músculos en movimiento

Los músculos necesitan oxígeno para moverse. Cuanto mayor es su esfuerzo, más oxígeno necesitan. Los músculos esqueléticos usan rápidas descargas de energía que requieren mucho oxígeno, por lo que se fatigan fácilmente. Si la sangre no abastece de oxígeno a los músculos activos con suficiente rapidez, estos empiezan a doler.

Prueba de presión

Realiza esta prueba de presión para saber por qué duelen los músculos.

1. Levanta la mano por encima de tu cabeza y aprieta y relaja el puño varias veces. ¿Cuántas veces puedes hacerlo antes de que sea molesto? ....

2. Ahora haz lo mismo con la otra mano, pero sin levantarla. ¿Cuántas veces puedes repetirlo en esta ocasión? ....

Descubre el significado de tus resultados en la página 44.

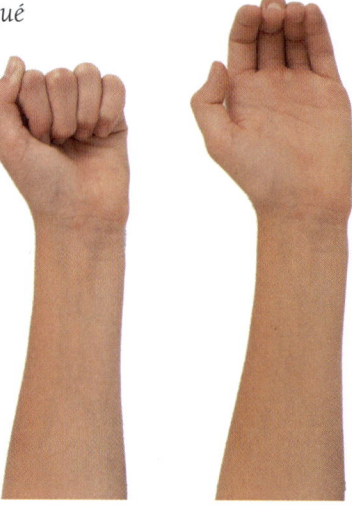

Prueba de relajación

Haz este experimento para ver tus músculos en acción.

1. Junta las manos con los dedos entrelazados.

2. Estira los dedos índices en paralelo sin que se toquen. ¿Qué ocurre con los índices cuando relajas los músculos?

....

Descubre el significado de tus resultados en la página 44.

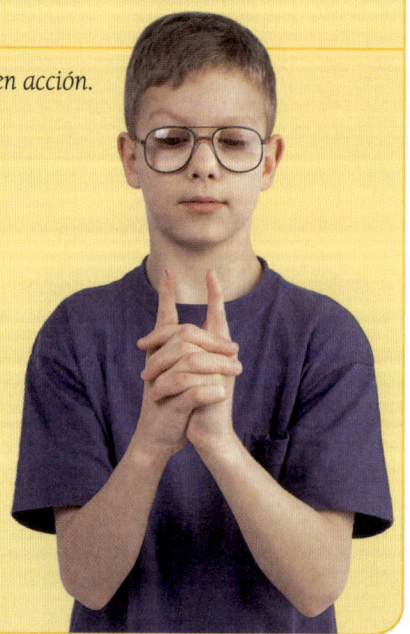

Tipos de músculos

Cada recuadro contiene información sobre un tipo de músculo. Escoge el nombre correcto para cada uno de ellos. Para hacerlo, puedes usar los datos de la página 8.

esquelético   cardíaco   liso

1. Músculo ....
- Hace latir el corazón.
- Funciona de manera involuntaria.
- Se contrae y se relaja sin cesar.
- Nunca se cansa.

2. Músculo ....
- Se puede controlar de manera consciente.
- Realiza contracciones súbitas y cortas.
- Permanece ligeramente contraído mientras descansa.
- Se fatiga fácilmente.

3. Músculo ....
- Lleva a cabo las funciones involuntarias del cuerpo, como respirar.
- Se contrae lentamente.
- Puede mantenerse contraído durante largos lapsos de tiempo.
- No se cansa con facilidad.

¿Sabías que…?

Una fibra muscular es más fina que un cabello y puede medir 30 cm de largo.

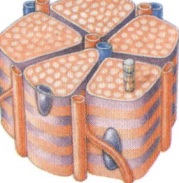

Fibra muscular

Actividades

Sano y en forma

El ejercicio es importante para mantener el cuerpo saludable y en forma, de manera que todos sus sistemas puedan funcionar correctamente. El ejercicio aumenta la fuerza y la flexibilidad corporales, así como la eficiencia del corazón y los pulmones. Además, ayuda a mantener un peso adecuado.

Diario de ejercicio

Los expertos afirman que los niños en edad escolar deben realizar 60 minutos diarios de actividad física. Completa este diario de ejercicio durante una semana para comprobar tu nivel de actividad física.

1 Anota la actividad que hayas realizado en cada momento del día y el tiempo que le hayas dedicado. Debes tener en cuenta cualquier tipo de ejercicio físico, como andar hasta el colegio, sacar a pasear al perro, jugar a fútbol, nadar o incluso pasar la aspiradora.

2 Al final del día, suma todo el tiempo que hayas dedicado a hacer ejercicio. Si no llegas a los 60 minutos, piensa cómo mejorar tu resultado al día siguiente. Podrías practicar algún deporte con un amigo, por ejemplo.

	Lunes	Martes	Miércoles	Jueves	Viernes	Sábado	Domingo
Mañana							
Tarde							
Noche							
Tiempo total (en minutos)							

3 Cuando acabe la semana, suma los siete totales y divide el resultado entre siete para saber tu media de ejercicio diario.

Total semanal (en minutos) ☐   Media diaria de ejercicio ☐

4 ¿Cuánto ejercicio has hecho en la semana? ¿Has conseguido llegar a los 60 minutos cada día? ....
Y tu media, ¿está por encima o por debajo de los 60 minutos? ....

Actividades

El encéfalo

La superficie del cerebro, la corteza cerebral, se divide en varias áreas, cada una de las cuales realiza tareas distintas: algunas reciben información de los sentidos, otras dan órdenes a los músculos, y otras procesan el pensamiento y la memoria. Las funciones cerebrales complejas, como la lectura, implican a varias áreas a la vez.

¿Sabías que…?

Cuando algo te produce una gran impresión, positiva o negativa, suele quedar hondamente grabado en tu memoria, de modo que te resulta fácil recordarlo con detalle.

Datos sobre la memoria

- Hay tres tipos de memoria: sensorial, a corto plazo y a largo plazo.
- La información de los sentidos se almacena en la memoria sensorial durante unos pocos segundos.
- Si una información se repite a menudo, se almacena en la memoria a largo plazo.
- Los recuerdos de la memoria a corto plazo se desvanecen tras unos minutos.
- Los recuerdos a largo plazo pueden durar toda la vida.

Partes del encéfalo

Lee las leyendas y numéralas de modo que coincidan con las partes del encéfalo correspondientes.

☐ Los pensamientos se elaboran en la parte frontal del cerebro.

☐ El área ubicada sobre el tallo encefálico recibe e interpreta las señales acústicas.

☐ La parte posterior del cerebro interpreta los datos que recibe de los ojos.

☐ Sensaciones como el dolor o el tacto son procesadas en la zona situada detrás del área del pensamiento.

Cerebro — 1 — 2 — 3 — 4 — Parte frontal del cerebro — Tallo encefálico — Cerebelo

Pon a prueba tu memoria

1. Observa detenidamente estos objetos durante 30 segundos.
2. Cierra el libro, espera un minuto e intenta anotar sus nombres.
3. ¿Cuántos objetos has recordado correctamente?
4. Mañana, vuelve a intentar escribir la lista de objetos, pero sin abrir el libro.
5. ¿Cuántos objetos has logrado recordar?

Descubre el significado de tus resultados en la página 44.

Actividades

Los reflejos

Los reflejos son reacciones automáticas del cuerpo. Las señales recorren las neuronas y la médula espinal para ordenar a alguna parte del cuerpo que se mueva, y esto sin que el cerebro intervenga. Algunos reflejos se repiten constantemente, como el latido del corazón. Otros son reacciones puntuales que nos protegen de algún peligro.

¿Sabías que…?

Todos los nervios de tu cuerpo, extendidos uno detrás de otro, alcanzarían los 75 km.

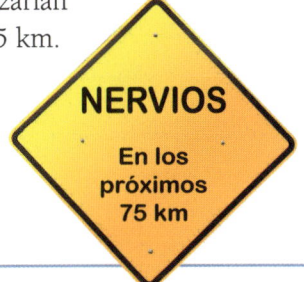

Cómo funcionan los reflejos

Numera las casillas según las fases que sigue un reflejo.

1. Un receptor del dolor de la mano siente un objeto punzante.

2. Las neuronas sensoriales mandan una señal a la médula espinal.

3. Una interneurona de la médula espinal transmite la señal a una neurona motora.

4. La neurona motora lleva la señal hasta un músculo del brazo, que se contrae y hace que la mano se aparte bruscamente.

5. La señal llega al cerebro y sentimos el dolor después de que el reflejo haya actuado.

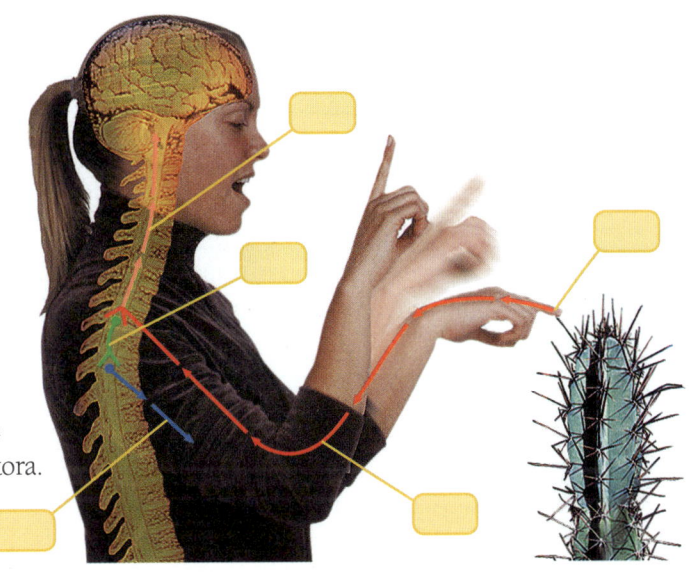

Pon a prueba tus reflejos

1. Siéntate en una silla con las piernas cruzadas, de manera que la rodilla de abajo encaje con la parte posterior de la de arriba.

2. Pídele a un amigo que te dé golpecitos en la parte blanda que hay debajo de la rodilla. Cuesta un poco encontrar el punto exacto.

3. ¿Se te ha levantado la pierna? ....

4. Vuélvelo a intentar. ¿Puedes evitar que ocurra concentrándote? ....

Descubre el significado de tus resultados en la página 44.

Actividades

Los ojos y la vista

Los ojos son el órgano sensorial más complejo del cuerpo humano. Su función consiste en captar la luz que reflejan los objetos, enfocarla y transformarla en señales eléctricas que se envían al cerebro. El cerebro analiza miles de estas señales cada segundo y las interpreta como imágenes reconocibles.

¿Sabías que…?

Un 70 % de los receptores sensoriales del cuerpo se encuentran en los ojos.

Cómo funcionan los ojos

Completa las siguientes leyendas con las palabras de la lista y con la ayuda del esquema y la información de la página 10.

cristalino   nervio óptico   retina   pupila

1. Los rayos de luz del objeto penetran en el ojo a través de un orificio llamado ……………

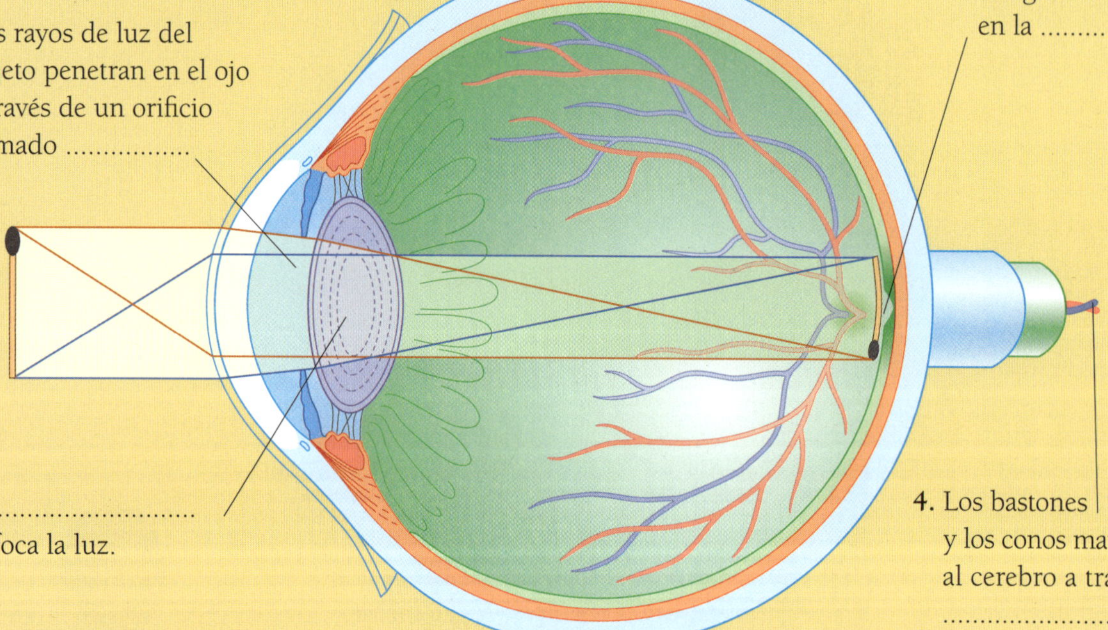

2. El ……………………… enfoca la luz.

3. Se forma una imagen invertida en la ……………………

4. Los bastones y los conos mandan señales al cerebro a través del ……………………………

Los efectos de la luz

Cuando la luz es intensa, las pupilas se contraen (se cierran) para moderar la luz que entra en el ojo; cuando es tenue, se dilatan (se abren). Haz esta prueba para observar cómo cambian.

1 Tápate un ojo con una mano, sin cerrarlo, durante 30 segundos.

2 Aparta la mano y usa un espejo para ver cómo se empequeñece la pupila al reaccionar a la luz.

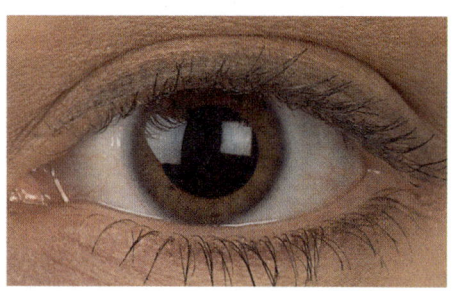

Pupila dilatada

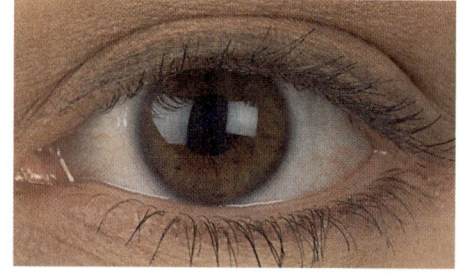

Pupila contraída

Ilusiones ópticas

Para poder entender lo que está viendo, el cerebro compara las señales que recibe de los ojos con las cosas que ya ha visto anteriormente. Si la información que recibe no es suficiente o es confusa, trata de adivinar lo que es y puede llegar a conclusiones erróneas. A este efecto se le llama ilusión óptica.

Actividades

¿Sabías que…?

Si miras una imagen de la televisión de cerca, verás que está hecha de franjas de diminutos puntos rojos, azules y verdes. Estos puntos son tan pequeños y cambian tan deprisa que el cerebro los interpreta como una imagen definida.

Engaña a tu cerebro

Observa estas curiosas ilusiones ópticas. En la página 44 te explicamos cómo funcionan.

1. Mira esta imagen varios segundos. ¿Te parece que el dibujo se mueve?

2. ¿Las líneas azules son rectas o curvas? Compruébalo con una regla.

3. ¿Tiene esta imagen tres dimensiones?

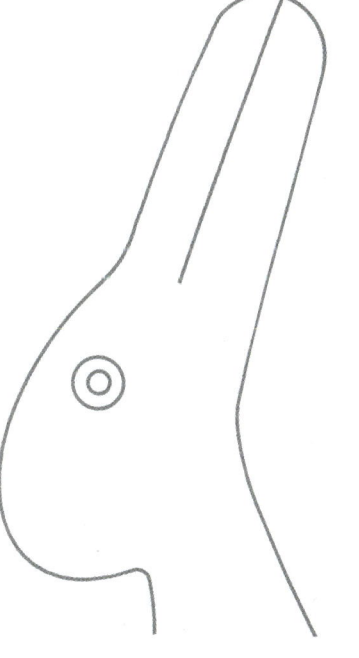

4. ¿Qué ves, un conejo o un pato?

Con los dos ojos

Haz este experimento para ver cómo tus ojos trabajan juntos.

1. Enrolla una hoja de papel y dale forma de tubo.

2. Sujeta el tubo con la mano derecha, a la altura de tu ojo derecho.

3. Mira a través del tubo; mantén el ojo izquierdo abierto.

4. Levanta la mano izquierda, con la palma hacia ti, a unos dos tercios del extremo del tubo, como en la foto. ¿Qué ves? ....
....

En la página 45 averiguarás por qué sucede esto.

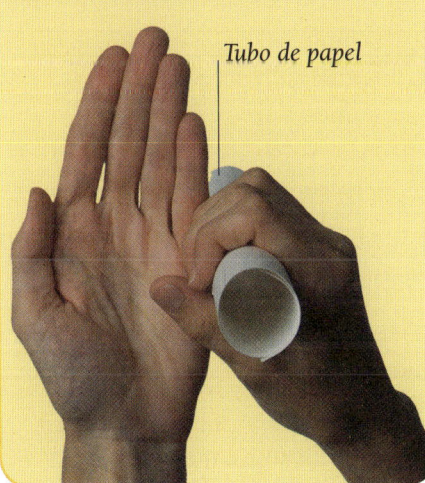

Tubo de papel

23

Actividades

Las orejas y el oído

El sonido viaja a través de ondas invisibles. La intensidad de esas ondas se mide en decibelios (dB). Los sonidos más leves que el oído humano puede percibir están en torno a los 10 dB, como el de la respiración. Los sonidos de más de 100 dB, como el de un taladro o la música alta, pueden dañar la delicada estructura auditiva.

El estruendo de un reactor puede llegar a los 120 dB.

Cómo oímos

Con la ayuda de los datos de la página 10, numera el esquema señalando dónde sucede cada uno de los pasos descritos.

1. Las ondas sonoras entran en el oído a través del pabellón auricular.
2. Las ondas sonoras viajan a través del canal auditivo.
3. Las ondas llegan al tímpano y lo hacen vibrar.
4. El tímpano transmite las vibraciones a tres huesos, llamados osículos.
5. Las vibraciones penetran en el caracol, lleno de líquido.
6. Los diminutos cilios del interior del caracol empiezan a moverse y mandan señales al cerebro a través del nervio auditivo.

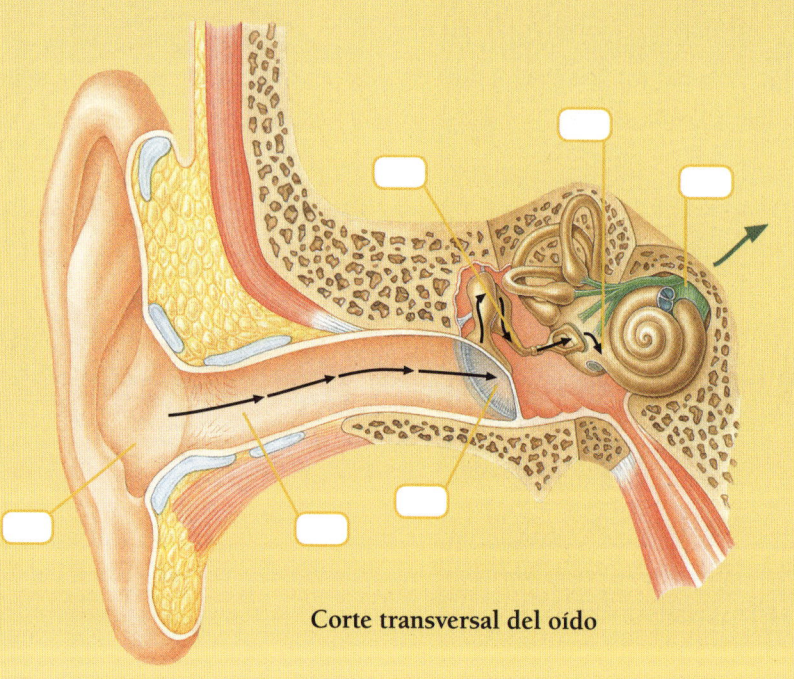

Corte transversal del oído

Datos sobre el equilibrio

- Dentro del oído, tres canales semicirculares controlan el sentido del equilibrio.
- Estos tubos están dispuestos formando ángulos rectos entre sí.
- Al mover la cabeza, el líquido y los cilios del interior de los canales también se mueven.
- Las señales que envían los cilios nos dicen la posición en que nos encontramos o el sentido en que nos movemos.

Mareos

Haz esta prueba y verás cómo el líquido que se mueve dentro de tus canales semicirculares puede hacer que te marees.

1. Vierte un poco de agua en un vaso y remuévela. El agua representa el líquido que se mueve dentro de los canales semicirculares mientras tú das vueltas.

2. ¿El agua deja de moverse justo después de que dejas de removerla? ....

En la página 45 averiguarás por qué sucede.

Canales semicirculares y caracol

Actividades

La piel y el tacto

La piel es una capa de unos 2 mm de grosor que cubre la superficie corporal. Su principal función consiste en proteger al cuerpo de bacterias y otras sustancias perjudiciales. Además, contiene receptores sensoriales que registran el calor, el frío, el dolor y la presión, aportando información acerca del entorno. Si la piel se lesiona, es capaz de curarse sola rápidamente.

Datos sobre la piel

- La capa exterior de la piel, la epidermis, contiene células nuevas y muertas.
- La capa interior, la dermis, es cuatro veces más gruesa que la epidermis. Se compone de células vivas y contiene nervios y vasos sanguíneos.
- Bajo la piel, hay una capa de grasa que mantiene el cuerpo caliente.
- Para enfriar el cuerpo, el sudor de las glándulas sudoríparas sale a través de los poros de la epidermis.
- Cada pelo está sujeto a un pequeño músculo que hace que se erice cuando tenemos frío.

¿Frío o caliente?

Haz este experimento para ver tus receptores sensoriales en acción.

1. Llena tres vasos de agua. Uno con agua fría, otro, templada, y otro, caliente (que no queme).

2. Pon un dedo en el agua caliente y otro dedo en el agua fría durante 30 segundos.

3. Mete los dos dedos en el agua templada.

4. ¿Cómo notas el agua con el dedo del agua fría: caliente, templada o fría?

   ....

5. ¿Cómo notas el agua con el dedo del agua caliente: caliente, templada o fría?

   ....

En la página 45 averiguarás por qué sucede esto.

Agua fría · Agua templada · Agua caliente

¿Sabías que…?

A lo largo de la vida, el cuerpo humano se deshace de 18 kg de piel muerta, lo cual equivale al peso de un niño de 5 años.

Bajo la piel

Utiliza la información del recuadro de datos de arriba para completar este esquema con las palabras que te ofrecemos a continuación:

epidermis   dermis   terminación nerviosa   vaso sanguíneo
grasa   glándula sudorípara   poro   músculo   pelo

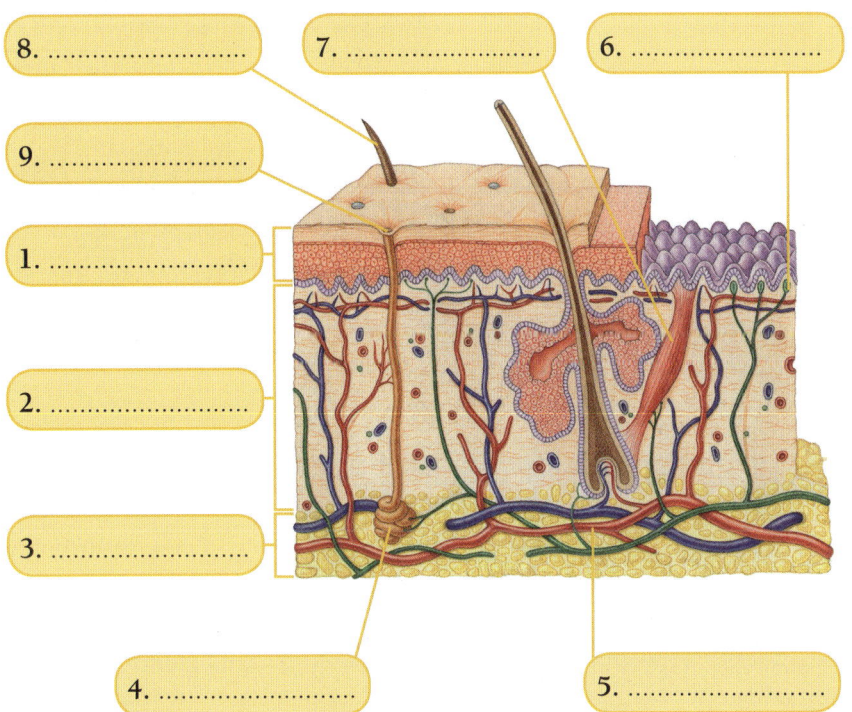

8. ....
7. ....
6. ....
9. ....
1. ....
2. ....
3. ....
4. ....
5. ....

Actividades

El bombeo de la sangre

El cuerpo de un adulto contiene unos 5 litros de sangre. Su corazón bombea toda esta sangre hacia el resto del cuerpo una vez por minuto, y repite esta operación sin cesar a lo largo de toda la vida. A lo largo de una vida de duración media, el corazón late más de 3000 millones de veces.

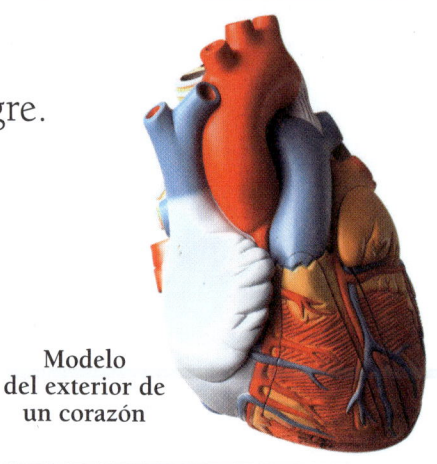

Modelo del exterior de un corazón

El desafío del corazón

Para ver cómo circula la sangre dentro del corazón, completa el esquema con las palabras del último apartado de esta página. También puedes usar la página 11 como guía.

Consejo: Recuerda que estás viendo este corazón de frente, de modo que la parte que ves a la izquierda es, realmente, la derecha, y viceversa.

1. ....
2. ....
3. ....
4. ....
5. ....
6. ....
7. ....
8. ....

→ Sangre pobre en oxígeno (del cuerpo)
→ Sangre rica en oxígeno (de los pulmones)

Definiciones

Aurícula izquierda o derecha: una de las dos cavidades superiores del corazón.
Ventrículo izquierdo o derecho: una de las dos cavidades inferiores del corazón.
Vena cava: vaso sanguíneo que recorre el cuerpo y va al interior de la aurícula derecha.

Venas pulmonares: vasos sanguíneos que van de los pulmones a la aurícula izquierda.
Arterias pulmonares: vasos sanguíneos que van del ventrículo derecho a los pulmones.
Aorta: vaso sanguíneo que va del ventrículo izquierdo al resto del cuerpo.

Actividades

Los latidos

Cada latido de tu corazón envía un potente chorro de sangre hacia tus arterias. Puedes notar el pulso palpando las arterias más superficiales, es decir, las que se hallan justo debajo de la piel. El corazón late unas 70 veces por minuto, aunque puede llegar a las 200 al hacer ejercicio.

¿Sabías que…?

Cada día pasan por tu corazón unos 15000 litros de sangre. Con esta cantidad se podrían llenar 100 bañeras.

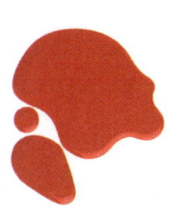

Tómate el pulso

El pulso nos da la frecuencia cardíaca, así que tomarnos el pulso es una buena manera de saber a qué ritmo trabaja nuestro corazón.

1. Encuéntrate el pulso con dos dedos. Prueba en el interior de la muñeca o en el cuello.

2. Utiliza un cronómetro para contar el número de pulsaciones en 10 segundos. Repítelo dos veces más.
Resultado 1 ☐   Resultado 2 ☐   Resultado 3 ☐

3. Suma los tres resultados y divide el total entre 3 para obtener la media.
Total ☐   Media ☐

4. Multiplícala por 6 y sabrás tus pulsaciones por minuto.
Pulsaciones por min. ☐ (en reposo)

5. Ahora averigua tu frecuencia cardíaca en actividad. Corre durante un minuto y vuelve a tomarte el pulso.
Resultado 1 ☐   Resultado 2 ☐   Resultado 3 ☐

Total ☐   Media ☐   Pulsaciones por min. ☐ (en actividad)

6. ¿Ha aumentado mucho tu frecuencia cardíaca después del ejercicio? ....

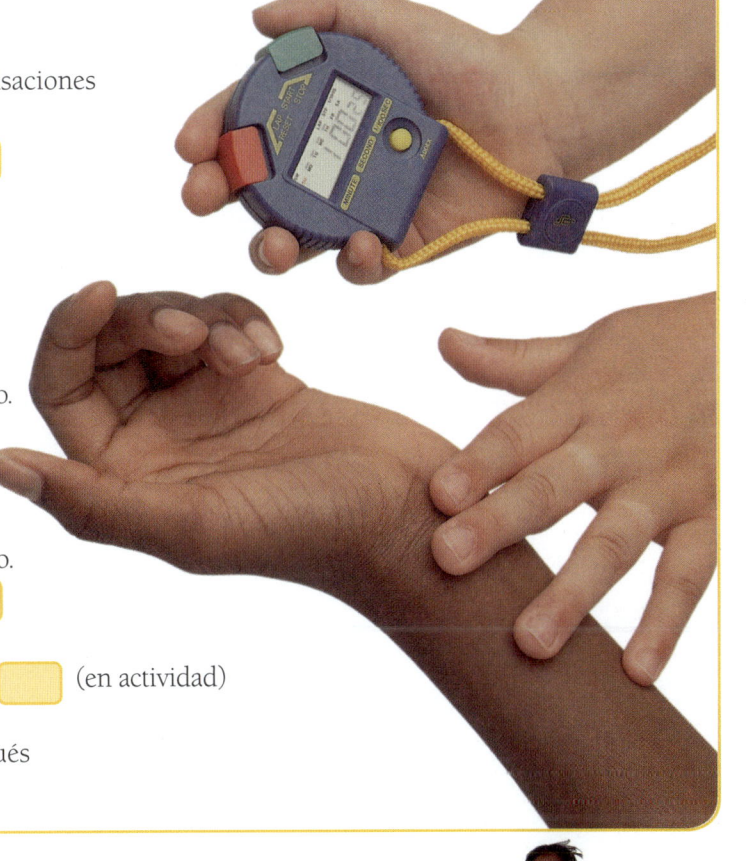

Ejercicio con el pulso

Lee esta página y completa los siguientes enunciados subrayando la opción correcta en cada caso.
1. El pulso se percibe en **las arterias / las venas / los capilares** que están justo debajo de la piel.
2. Normalmente, un corazón adulto late de **100 a 200 / 60 a 80 / 10 a 20** veces por minuto.
3. Cuando se hace ejercicio, la frecuencia cardíaca **disminuye / se mantiene / aumenta**.
4. La frecuencia cardíaca es **equivalente a / distinta de / más rápida que** las pulsaciones por minuto.

27

Actividades

La sangre

Las gruesas paredes arteriales resisten la presión del flujo sanguíneo procedente del corazón. Esta presión es menor en las venas, que llevan la sangre al corazón, por lo que estas son más finas. Las paredes de los minúsculos vasos sanguíneos de los tejidos tienen el grosor de una célula.

¿Sabías que…?

Más de la mitad de la sangre es plasma, compuesto básicamente de agua. El resto se compone sobre todo de glóbulos rojos. Los glóbulos blancos y las plaquetas representan menos de un 1 % del total.

Las válvulas venosas en acción

Lee los datos acerca de las válvulas venosas y, a continuación, pídele a un adulto que te ayude a ver cómo funcionan.

1. Pídele a un adulto que deje una mano colgando durante 30 segundos, para que las venas sobresalgan.

2. Encuentra en el dorso de la mano un tramo de vena sin ramificaciones y presiónala con un dedo en el punto más cercano a los dedos.

3. Pon otro dedo junto al primero y recorre con este, presionando, el camino de la vena hacia la muñeca. Esto empuja la sangre en la dirección correcta, hacia el corazón, y vacía la vena.

4. Levanta el segundo dedo. La vena sigue vacía porque la válvula no permite que la sangre circule hacia atrás. Levanta el primer dedo para ver cómo llega más sangre.

La curación de las heridas

Numera las imágenes según el proceso de curación de una herida.

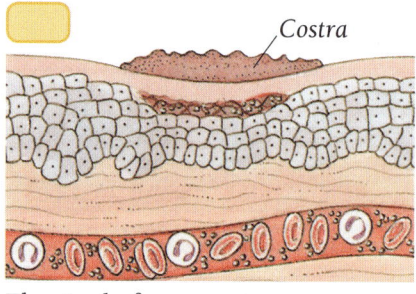
Costra

El coágulo forma una costra seca, que cae cuando la piel ya se ha regenerado por completo.

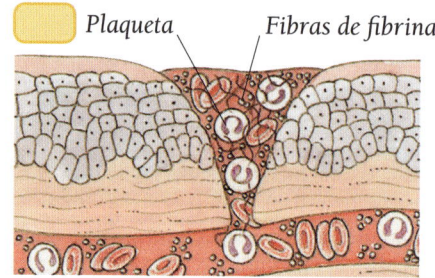
Plaqueta   Fibras de fibrina

Las plaquetas producen unas hebras llamadas fibrina, que forman un coágulo y evitan la pérdida de sangre.

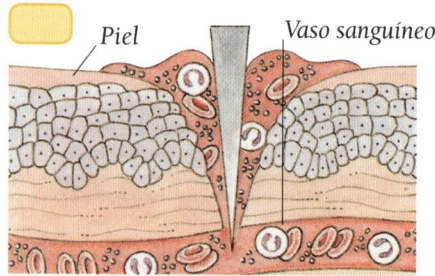
Piel   Vaso sanguíneo

Una herida superficial provoca que la sangre escape de los vasos sanguíneos que hay bajo la piel.

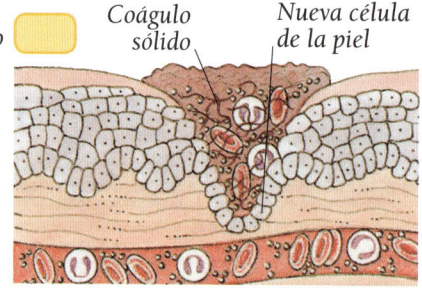
Coágulo sólido   Nueva célula de la piel

El coágulo se solidifica. Las células que hay debajo se empiezan a dividir generando nuevas células de la piel.

Válvulas venosas

- La presión sanguínea en las venas es tan baja que la existencia de válvulas resulta imprescindible para que la sangre circule en la dirección correcta.

- La sangre empuja las válvulas, que solo se abren en la dirección correcta (hacia el corazón).

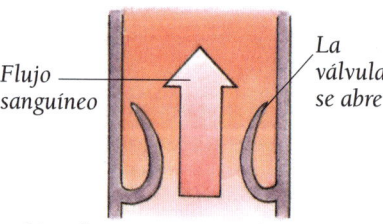
Flujo sanguíneo   La válvula se abre

Circulación correcta de la sangre

- Si la sangre circula hacia atrás, hace que la válvula se cierre.

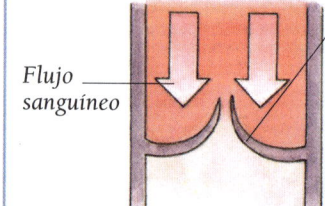
Flujo sanguíneo   La válvula se cierra para evitar que la sangre vaya hacia atrás

Circulación incorrecta de la sangre

Actividades

La respiración

El cuerpo puede almacenar oxígeno para unos minutos, por lo que necesita inhalar continuamente aire fresco mediante la respiración. Respiramos unas 20 000 veces al día, pero solo lo notamos si tenemos la garganta irritada o cuando hacemos ejercicio, al respirar con más fuerza de lo normal para conseguir una mayor cantidad de oxígeno.

¿Sabías que...?

Al estornudar, el aire sale de la nariz a 160 km/h. Con ello conseguimos expulsar cualquier sustancia irritante, como polvo, polen o mucosidades.

Ejercicio de la respiración

Completa las siguientes afirmaciones sobre la respiración con las palabras correctas. La información de esta página te ayudará.

estornudamos   bostezamos   tosemos   jadeamos

1. .... para eliminar la mucosidad que se acumula en la tráquea cuando estamos resfriados.

2. Después de haber corrido mucho, ... para abastecernos del oxígeno que necesitamos.

3. Cuando la mucosidad o el polvo irritan el interior de nuestra nariz, ... para expulsarlos.

4. Cuando estamos cansados, ... para tomar más oxígeno.

Circuito de la respiración

Añade las flechas que faltan para mostrar, paso a paso, qué ocurre en los pulmones cuando respiramos. Consulta la página 12.

- El aire entra.
- El aire es expulsado.
- El diafragma empuja hacia abajo y las costillas suben.
- El diafragma se relaja y las costillas bajan.
- Los pulmones se expanden.
- Los pulmones se encogen.

Actividades

Una alimentación equilibrada

Para estar sana, una persona debe comer todo tipo de alimentos, que le proporcionarán los nutrientes que su organismo necesita para funcionar correctamente. El cuerpo necesita algunos nutrientes en mayor cantidad que otros. Uno lleva una dieta equilibrada cuando ingiere las cantidades adecuadas de cada nutriente con regularidad.

> **¿Sabías que…?**
>
> La fibra, es decir, la parte de las verduras, la fruta y los cereales que el cuerpo no puede digerir, hace que el sistema digestivo sea más eficiente.

La pirámide alimenticia

Esta pirámide alimenticia muestra la proporción de las distintas clases de alimentos que se deben ingerir para mantener una dieta sana y equilibrada. Elige un alimento de la lista perteneciente a las distintas clases y dibújalo. Luego, escribe en las casillas un alimento de cada clase que hayas comido hoy.

manzana   pan   chocolate   frutos secos

Los alimentos con azúcar te dan energía, pero el cuerpo la gasta muy deprisa. Come muy poca cantidad.   Hoy he comido ....

Los alimentos grasos te proporcionan energía de reserva y ayudan a generar nuevas células. Come poca cantidad.   Hoy he comido ....

La comida rica en proteínas hace que tu cuerpo crezca y se regenere. Come una pequeña cantidad en cada comida.   Hoy he comido ....

La fruta y la verdura contienen fibra, vitaminas y minerales que te mantienen sano. Come al menos cinco piezas al día.   Hoy he comido ....

Los alimentos ricos en carbohidratos te proporcionan energía y fibra. Come grandes cantidades.   Hoy he comido ....

Actividades

El gusto y el olfato

Los sentidos del gusto y el olfato trabajan juntos para saber qué alimentos son buenos y cuáles podrían resultar dañinos. El gusto no proporciona mucha información por sí solo. El cerebro combina las señales del olfato y de la vista para averiguar qué estás comiendo.

¿Sabías que…?

Los seres humanos solo distinguen cinco sabores, pero pueden percibir 10 000 olores distintos.

Cinco sabores

Las distintas partes de la lengua responden a cinco sabores distintos: salado, dulce, ácido, amargo y umami (sabroso). Escribe el sabor que mejor encaja con cada uno de los siguientes alimentos.

Aceitunas ....
Setas ....
Tocino ....
Helado ....
Chocolate ....
Café ....
Pomelo ....
Papas ....
Limón ....
Pollo ....

Prueba del gusto

Comprueba cómo el olfato afecta al gusto realizando este experimento. Necesitarás:

- cuatro alimentos distintos (como queso, chocolate, cebolla, manzana, limón o tomate) cortados en dados pequeños
- palillos • un vaso de agua • una venda • una pinza para la nariz • un amigo que pruebe la comida

1. Véndale los ojos a tu amigo y pídele que se ponga la pinza o se tape la nariz.
2. Pincha uno de los dados de comida con un palillo y frótaselo por la lengua durante cinco segundos. Pídele que intente adivinar qué era.
3. Dale a tu amigo un trago de agua y repetid la prueba con el resto de los alimentos. ¿Cuántos ha acertado? ....
4. Quítale la pinza y repetid todo el proceso de la misma manera. ¿Cuántos ha acertado ahora? ....

¿De qué modo fue mayor el número de aciertos, con la pinza o sin ella? ....

Actividades

Los dientes

Cuando los bebés tienen unos seis meses, les empiezan a salir los dientes, llamados dientes de leche, que empiezan a caer a los cinco años y son reemplazados por 32 piezas permanentes. Los 12 dientes frontales son afilados y sirven para cortar y desgarrar la comida. Los otros 20 son planos y sirven para aplastarla y triturarla.

Datos sobre salud dental

- Las bacterias se nutren de los restos de comida de la boca.
- Las bacterias, la comida y la saliva forman una capa en los dientes llamada placa.
- La placa puede deteriorar el esmalte dental y dañar gravemente los dientes.
- Para evitar el deterioro dental y eliminar la placa es conveniente cepillarse dos veces al día.
- Conviene moderar el consumo de alimentos azucarados, pues el azúcar favorece la proliferación de las bacterias.

El interior de los dientes

Numera cada casilla para que corresponda con la parte correcta del diente.

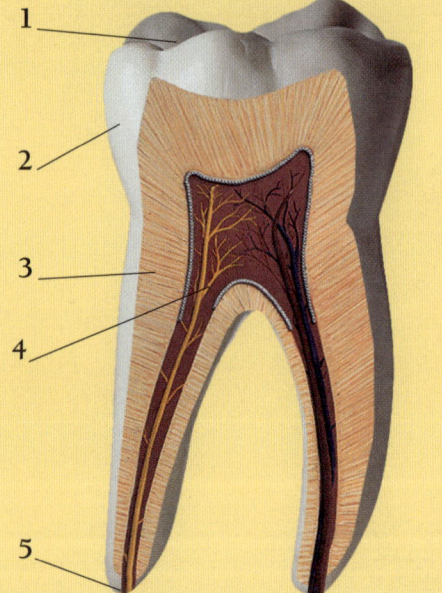

1
2
3
4
5

☐ La raíz del diente, en la parte inferior, está anclada en la encía.

☐ Bajo el esmalte, la mayor parte del diente se compone de dentina.

☐ La pulpa dentaria, en la zona intermedia, contiene nervios y vasos sanguíneos.

☐ La corona es la parte visible del diente, encima de la encía.

☐ La capa que recubre el diente, blanca y muy dura, es el esmalte.

¿Sabías que...?

Algunos bebés nacen con todos los dientes de leche, que son 20.

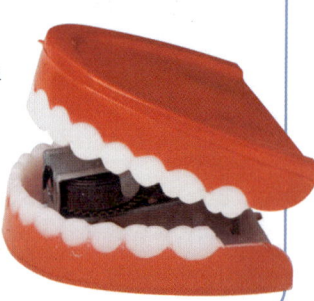

¿Verdadero o falso?

Lee la información de esta página y decide si los siguientes enunciados son verdaderos o falsos.

	VERDADERO	FALSO
1. Deberías reducir el consumo de azúcar para evitar el deterioro dental.	☐	☐
2. Es importante cepillarse los dientes más de cuatro veces al día.	☐	☐
3. La dentina puede echar a perder los dientes.	☐	☐
4. La placa es una capa que se adhiere a los dientes.	☐	☐

¿Qué pasa con lo que comes?

Una serie de movimientos musculares empujan la comida que baja por el esófago hacia el estómago a una velocidad de 2,5–5 cm/s. A lo largo del tracto digestivo, la velocidad disminuye para permitir que el organismo absorba los nutrientes; así, por el intestino delgado los alimentos se mueven a 1 cm/min.

Horario digestivo

Usa la información de la página 13 para rellenar este esquema, que muestra el tiempo que tarda la comida en recorrer todo el sistema digestivo.

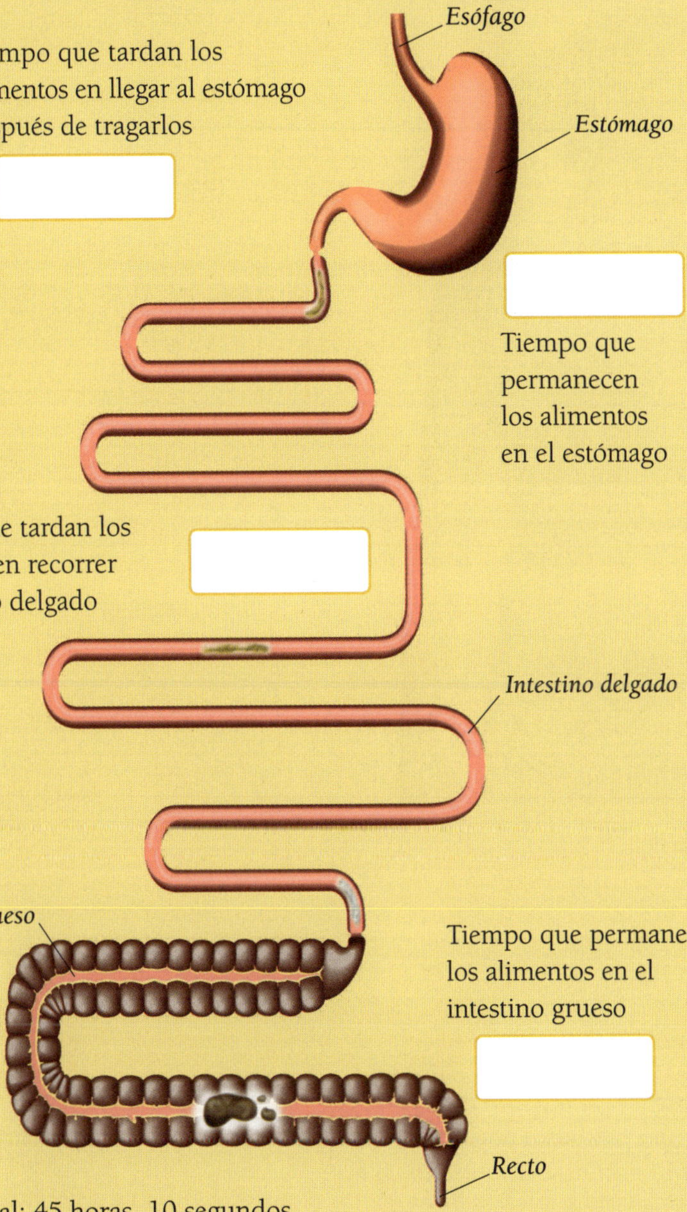

Esófago

Tiempo que tardan los alimentos en llegar al estómago después de tragarlos

Estómago

Tiempo que permanecen los alimentos en el estómago

Tiempo que tardan los alimentos en recorrer el intestino delgado

Intestino delgado

Intestino grueso

Tiempo que permanecen los alimentos en el intestino grueso

Recto

Tiempo total: 45 horas, 10 segundos

Movimiento muscular

Los músculos empujan la comida por el tracto digestivo. Para ver cómo funciona esta operación, necesitas una pelota pequeña que represente la comida y unas medias o un calcetín largo que representen el tracto digestivo.

1 Mete la pelota en las medias. Sujeta las medias con dos dedos justo por debajo de la pelota, como en la foto.

2 Aprieta los dedos, empujando de manera que la pelota avance por las medias.

3 Vuelve a poner los dedos bajo la pelota y a presionar. Los músculos circulares del tracto digestivo se contraen con un movimiento ondulante y empujan la comida de modo similar.

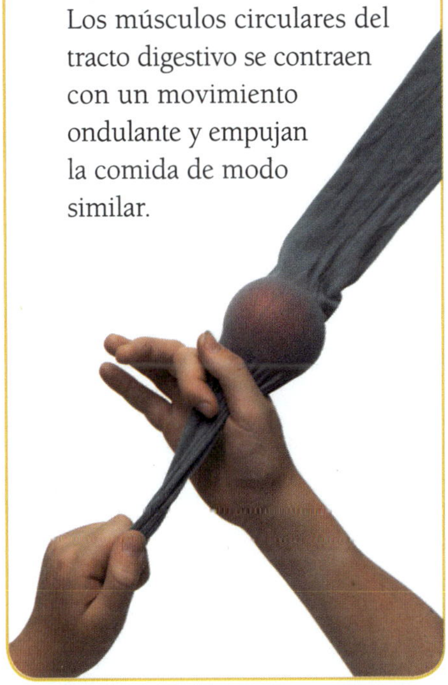

¿Sabías que…?

En total, el tracto digestivo tiene unos 7 m de longitud.

Actividades

Actividades

La eliminación de residuos

El funcionamiento del cuerpo produce residuos. Los residuos del sistema digestivo son eliminados en forma de heces. El elemento residual del sistema respiratorio, el dióxido de carbono, abandona el cuerpo al espirar. El agua sobrante de los procesos corporales es expulsada en forma de orina.

Partes del sistema urinario

Utiliza la información del recuadro de datos de la derecha para completar el esquema con las palabras de la lista.

riñón   vejiga
uréter   uretra

1. ....
2. ....
3. ....
4. ....

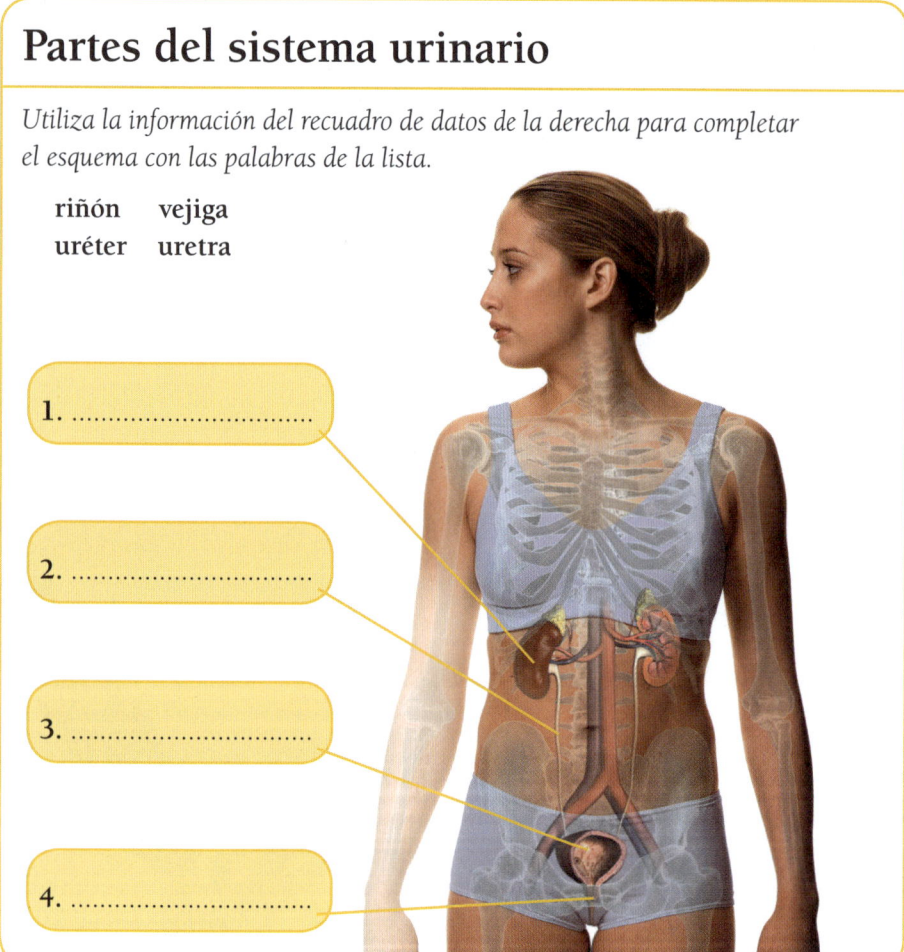

Sistema urinario

- La sangre recoge el excedente de agua y las demás sustancias residuales de las células del cuerpo.
- Los dos riñones filtran toda la sangre cada cinco minutos y transforman los residuos en orina.
- La orina que rezuman los riñones baja por un tubo llamado uréter hasta llegar a la vejiga.
- La vejiga puede contener 500 ml de orina. Cuando se llena, la orina sale por un tubo denominado uretra.
- Unos riñones adultos pueden producir alrededor de un litro de orina al día.

¿Sabías que…?

Los nervios de la pared de la vejiga mandan señales al cerebro cuando esta se llena, para que sepas que debes ir al baño. Hasta los dos años, sin embargo, la vejiga se vacía automáticamente: por eso los bebés necesitan pañales.

Ejercicio de los residuos

Utiliza la información de las páginas 12 y 13 para completar los siguientes enunciados subrayando las opciones correctas.

1. La orina se almacena en **la vejiga / el hígado / el estómago**.

2. Los residuos del sistema digestivo son eliminados en forma de **sudor / heces / quimo**.

3. El residuo que se genera al respirar es **aire / dióxido de carbono / oxígeno**.

4. Los riñones limpian **los dientes / los huesos / la sangre**.

Bronquiolos pulmonares

Mensajeros químicos

Además de la comunicación a través del sistema nervioso, el organismo usa unos mensajeros químicos, llamados hormonas, que la sangre transporta por todo el cuerpo. Las hormonas las producen unos órganos especiales, las glándulas, y otros órganos como el páncreas y los ovarios: estos, juntos, conforman el sistema endocrino.

Hormonas bajo control

Lee el recuadro de datos de la derecha y completa las leyendas con las palabras de la lista correctas.

adrenal   páncreas   pineal   testículos

1. El .... ayuda a controlar el nivel de azúcar en la sangre.

2. La glándula .... se encarga de regular el patrón de sueño.

3. Si algo te asusta, la glándula .... hace que el corazón te palpite más rápido.

4. Los cambios del cuerpo de un chico durante la pubertad son causados por las hormonas de los ....

Actividades

Sistema endocrino

- La glándula pineal ayuda a regular el sueño.
- La glándula pituitaria controla el crecimiento y el nivel de agua en el cuerpo.
- La glándula tiroides regula los procesos químicos del cuerpo.
- Las glándulas suprarrenales hacen que el cuerpo reaccione con rapidez ante las emergencias acelerando los latidos del corazón y de la respiración.
- El páncreas ayuda a controlar el nivel de azúcar en la sangre.

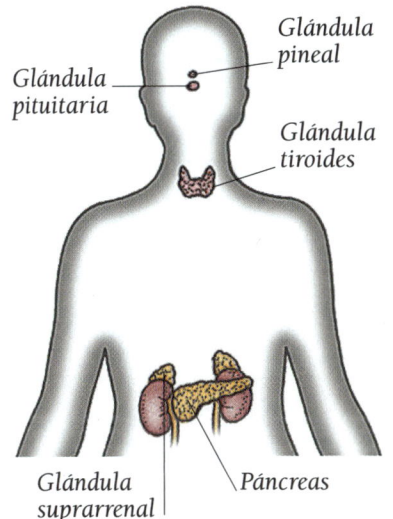

Glándulas reproductoras

- Las hormonas de los ovarios causan el desarrollo del cuerpo femenino en la pubertad (10–11 años).

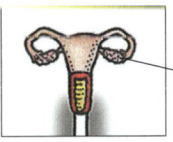

- Las de los testículos causan el desarrollo del cuerpo masculino en la pubertad (12–13 años).

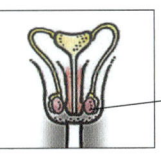

35

Actividades

Una nueva vida

Un bebé procede de la unión de dos células del sistema reproductivo: un óvulo femenino y un espermatozoide masculino. El espermatozoide se une al óvulo en un proceso llamado fecundación. En nueve meses, el óvulo fecundado se convertirá en un ser humano.

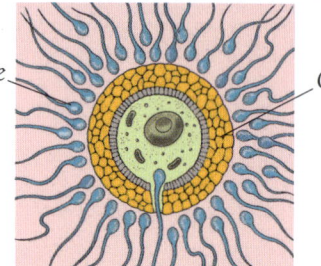

Solo un espermatozoide logrará fecundar el óvulo.

Desarrollo del bebé

Relaciona las imágenes con los textos sobre desarrollo del bebé en el útero materno.

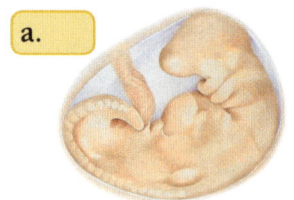
a.

1. A las 12 semanas, el feto mide lo mismo que un limón y empieza a parecer humano, aunque su cabeza es muy grande.

2. A las 4 semanas, el bebé es del tamaño de un guisante y se llama embrión. Tiene cola en vez de piernas y parece un renacuajo.

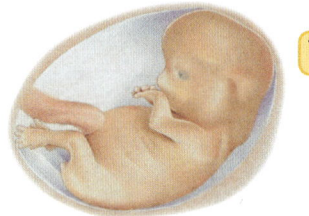
b.

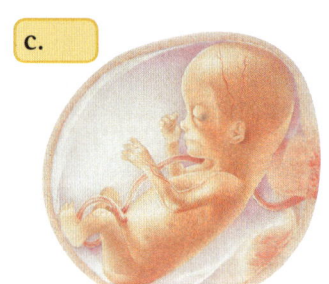
c.

3. A las 40 semanas, el bebé ha engordado y ya está listo para nacer.

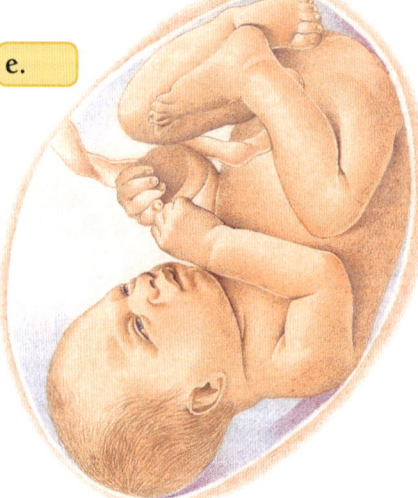
e.

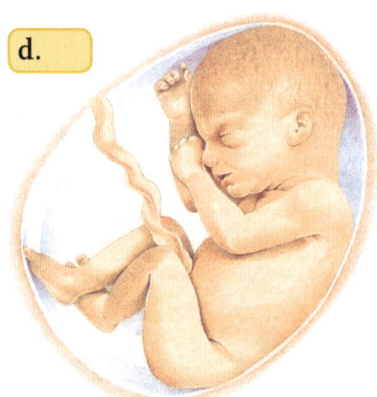
d.

4. A las 8 semanas, ya tiene el tamaño de una fresa y se llama feto. Sus extremidades se han empezado a formar y ha perdido la cola.

5. A las 24 semanas, el bebé tiene el tamaño de un melón. Su cuerpo ya guarda proporción con su cabeza, pero es muy delgado.

Datos sobre genética

- Cada célula humana contiene 46 cromosomas, compuestos de una sustancia química llamada ADN.
- Los cromosomas contienen genes: instrucciones que le dicen al cuerpo cómo crecer y funcionar.
- Los óvulos y los espermatozoides solo tienen 23 cromosomas. Al unirse para formar un embrión, suman 46.
- La mitad de los genes se heredan de la madre, y la otra, del padre.
- Las características físicas, como el color de los ojos y del pelo, las determinan los genes, y suelen repetirse en las familias.

Investigación genética

Lee los datos sobre genética e investiga en tu familia para ver cómo los genes han determinado tus rasgos.

1 Observa a los miembros de tu familia. ¿Comparten tú y tus hermanos características con tus padres? Fíjate en la estatura, en el color de los ojos y del pelo, y en la forma de la nariz y las orejas.

2 Ahora retrocede unos pasos en el árbol genealógico. ¿Comparten tus abuelos las mismas características heredadas?

Actividades

El ciclo vital humano

Como todos los animales, los seres humanos crecemos, maduramos, envejecemos y morimos. A lo largo de la vida, el cuerpo crece y cambia, y también la mente se desarrolla. Adquirimos destrezas físicas, desde caminar hasta practicar deportes, y destrezas intelectuales, como leer, escribir y razonar. Al crecer y experimentar nuevas situaciones, las emociones también se desarrollan y maduran.

El cuerpo humano deja de crecer a los 20 años, pero sigue cambiando.

¿Cómo has crecido?

Busca fotos tuyas para ver cómo has cambiado desde que eras un bebé.

1. Busca unas cuantas fotos tuyas y ordénalas cronológicamente.

2. Observa tus cambios físicos. ¿Qué partes de tu cuerpo y tu cara han cambiado?
....
....

3. ¿Qué partes de tu cuerpo y tu cara siguen igual?
....
....

4. Pídele a un familiar mayor que tú (tus padres o abuelos) que te muestre fotos de toda su vida. Ponlas en orden y observa cómo ha cambiado y qué características ha conservado.

Los récords de tu familia

¿Quién es el más alto o el más anciano de tu familia? Rellena el cuadro con los récords de tu familia. Compara los datos con los récords de la tabla al final del libro.

RÉCORD	NOMBRE	DATOS
Persona más anciana		
Persona más joven		
Persona más alta		
Persona más baja		
Persona con pies más grandes		
Persona con pelo más largo		
Madre con más hijos		
Matrimonio mayor		Edades:

Cuestionario

Células, tejidos y órganos

Responde a estas preguntas y comprueba las respuestas en la página 46.

1 Numera los siguientes elementos según su tamaño, de menor a mayor.
- a. Sistema
- b. Tejido
- c. Célula
- d. Órgano

2 ¿Cuántos tipos distintos de célula tiene tu cuerpo?
- a. 2
- b. 20
- c. 200
- d. 2000

3 ¿Cuál de los siguientes elementos no es un componente celular?
- a. Membrana plasmática
- b. Núcleo
- c. Citoplasma
- d. Ligamento

4 ¿Cómo se crean las nuevas células?
- a. Las células dan a luz muchas células bebé.
- b. No se crean nuevas células.
- c. Las células se dividen en dos.
- d. Las células se dividen en cuatro.

5 Los tejidos se componen de:
- a. Células con igual estructura
- b. Muchos tipos de célula distintos
- c. Dos o más tipos de órgano
- d. Órganos con la misma estructura

6 Marca todas las clases de tejido conjuntivo.
- a. Grasa
- b. Sangre
- c. Músculo
- d. Hueso

7 Marca todos los órganos:
- a. Encéfalo
- b. Pelvis
- c. Riñón
- d. Piel

8 Un conjunto de órganos que trabajan juntos para realizar una determinada función se denomina:
- a. Tejido
- b. Esqueleto
- c. Mano de obra
- d. Sistema

9 ¿Cuál de los siguientes elementos *no* es un sistema?
- a. Digestivo
- b. Epitelial
- c. Esquelético
- d. Muscular

10 La función del sistema circulatorio es:
- a. Eliminar los residuos del cuerpo
- b. Transportar la sangre por todo el cuerpo
- c. Procesar la comida
- d. Mover el cuerpo

11 ¿Cuál de los siguientes órganos forma parte del sistema respiratorio?
- a. El hígado
- b. El encéfalo
- c. El estómago
- d. Los pulmones

Cuestionario

Huesos, músculos y ejercicio

Responde a estas preguntas y comprueba las respuestas en la página 46.

1 ¿Cuántos huesos tiene un cuerpo adulto?
- a. 3024
- b. 2006
- c. 300
- d. 206

2 ¿Cuál de los siguientes elementos no es un hueso?
- a. El peroné
- b. La pelvis
- c. El radio
- d. El bíceps

3 La estructura ósea que recorre tu espalda se denomina:
- a. Cráneo
- b. Columna vertebral
- c. Fémur
- d. Hueso de la risa

4 ¿Qué tipo de articulación es esta?
- a. Articulación en pivote
- b. Articulación de bisagra
- c. Articulación enartrósica
- d. Articulación elipsoidea

5 Las tiras de tejido que mantienen unidas las articulaciones se llaman:
- a. Ligamentos
- b. Cartílago
- c. Tendones
- d. Piel

6 ¿Cuál de los siguientes adjetivos *no* corresponde a un tipo de músculo?
- a. Liso
- b. Áspero
- c. Esquelético
- d. Cardíaco

7 ¿Qué necesitan los músculos para funcionar?
- a. Agua
- b. Calor
- c. Dióxido de carbono
- d. Oxígeno

8 Cuando un músculo se contrae:
- a. Empuja los huesos a los que está unido.
- b. Tira de los huesos a los que está unido.
- c. Dobla los huesos a los que está unido.

9 Marca todo lo que deberías hacer para mantenerte sano y en forma:
- a. Leer al menos un libro por semana
- b. Cepillarte los dientes dos veces al día
- c. Mantener una alimentación equilibrada
- d. Hacer ejercicio con regularidad
- e. No salir a la calle si hace frío

10 ¿Cuánto ejercicio dicen los expertos que deben hacer cada día los niños?
- a. 30 minutos
- b. 60 minutos
- c. 90 minutos
- d. 120 minutos

Cuestionario

Corazón, sangre y pulmones

Responde a estas preguntas y comprueba las respuestas en la página 46.

1 ¿Qué sustancia recoge la sangre en los pulmones?

- a. Agua
- b. Glóbulos rojos
- c. Oxígeno
- d. Dióxido de carbono

2 El corazón es del mismo tamaño que:

- a. Tu dedo gordo del pie
- b. Tu puño
- c. Un cubo
- d. Una pelota de fútbol

3 Marca todas las partes que se encuentran en el corazón.

- a. El diafragma
- b. Un ventrículo
- c. Una aurícula
- d. El caracol

4 El pulso es:

- a. El flujo intermitente y fuerte de la sangre que corre por las venas
- b. El flujo intermitente y fuerte de la sangre que corre por las arterias
- c. Un movimiento involuntario del diafragma
- d. Una parte de la vena que evita que la sangre retroceda

5 ¿Cuánta sangre contiene un cuerpo adulto?

- a. 1,25 litros
- b. 2,5 litros
- c. 5 litros
- d. 10 litros

6 ¿Cuál de los siguientes elementos *no* forma parte de la sangre?

- a. Glóbulos blancos
- b. Glóbulos rojos
- c. Glóbulos azules
- d. Plasma
- e. Plaquetas

7 Marca todos los elementos que forman parte del sistema respiratorio.

- a. Esclerótica
- b. Bronquios
- c. Pulmones
- d. Tráquea

8 Numera esta secuencia para explicar ordenadamente lo que ocurre después de introducir aire en los pulmones:

- a. La sangre pobre en oxígeno vuelve al corazón.
- b. La sangre rica en oxígeno de los pulmones se dirige al corazón, que la bombea al resto del cuerpo.
- c. El oxígeno que contiene el aire de los pulmones pasa a la sangre.
- d. El corazón bombea la sangre pobre en oxígeno de vuelta a los pulmones.
- e. Los tejidos del cuerpo gastan el oxígeno que contiene la sangre.

9 Las pequeñas cavidades en los pulmones se llaman:

- a. Alveolos
- b. Arterias
- c. Lóbulos
- d. Costillas

10 Estornudamos cuando:

- a. Necesitamos eliminar el polvo de la tráquea.
- b. El polvo irrita el interior de la nariz.
- c. Hemos corrido rápido.
- d. Nos sentimos cansados.

Cuestionario

Estómago, intestinos y alimentación

Responde a estas preguntas y comprueba las respuestas en la página 46.

1 El conducto que une la boca con el estómago se llama:

- a. Vena cava
- b. Tráquea
- c. Ventrículo
- d. Esófago

2 Numera los distintos órganos para mostrar la ruta que sigue la comida a lo largo del tracto digestivo:

- a. Intestino grueso
- b. Esófago
- c. Intestino delgado
- d. Estómago

3 ¿Qué empuja la comida a lo largo del tracto digestivo?

- a. La gravedad
- b. Los movimientos musculares
- c. El corazón
- d. La respiración

4 ¿Cuánto suelen tardar los alimentos en recorrer todo el tracto digestivo?

- a. Hasta 45 minutos
- b. Unas 6 horas
- c. Hasta 46 horas
- d. Más de 2 días

5 ¿Qué es absorbido por las paredes del intestino grueso?

- a. Fibra
- b. Agua
- c. Sangre
- d. Heces

6 ¿Cuánto mide el intestino delgado?

- a. 30 cm
- b. 1,5 m
- c. 5 m
- d. 20 m

7 ¿Cuál de los siguientes alimentos *no* contiene proteínas?

- a. Huevos
- b. Jamón
- c. Naranjas
- d. Yogur

8 Marca dos clases de alimentos que deberías comer en abundancia cada día:

- a. Alimentos ricos en carbohidratos, como pan o pasta
- b. Papas fritas
- c. Fruta y verdura
- d. Alimentos con azúcar

9 La orina se produce en:

- a. La vejiga
- b. Los riñones
- c. El intestino grueso
- d. El estómago

10 Marca el elemento que no sea un residuo del cuerpo.

- a. Orina
- b. Heces
- c. Quimo
- d. Dióxido de carbono

11 ¿Cuántos dientes tiene un adulto?

- a. 32
- b. 20
- c. 144
- d. 40

Cuestionario

Cerebro, nervios y sentidos

Responde a estas preguntas y comprueba las respuestas en la página 46.

1 ¿Cuál de los siguientes elementos *no* forma parte del sistema nervioso?

- a. El cerebro
- b. Los nervios
- c. La médula espinal
- d. Las hormonas

2 ¿Dónde se encuentra la médula espinal?

- a. En la columna vertebral
- b. Al lado de la columna vertebral
- c. En el cerebro
- d. En las piernas

3 La parte más grande del encéfalo es:

- a. El tronco encefálico
- b. El cerebelo
- c. El cerebro
- d. La glándula pituitaria

4 Marca todas las partes de una célula nerviosa o neurona.

- a. Osículo
- b. Axón
- c. Dendrita
- d. Núcleo

5 Las señales nerviosas pasan por las neuronas a unos:

- a. 4 km/h
- b. 40 km/h
- c. 400 km/h
- d. 4000 km/h

6 Numera los enunciados del 1 al 5 para explicar cómo funcionan los reflejos:

- a. Una neurona sensorial transmite una señal a la médula espinal.
- b. Llega una señal al cerebro y la persona siente dolor, tras haber apartado la mano.
- c. La mano toca algo caliente.
- d. La neurona motora lleva la señal a un músculo, que aparta la mano bruscamente.
- e. Una interneurona de la médula espinal transmite la señal a una neurona motora.

7 Señala todos los órganos sensoriales de esta lista:

- a. Piel
- b. Dientes
- c. Ojos
- d. Lengua
- e. Oídos
- f. Pelo
- g. Nariz

8 Señala dos tipos de célula que detectan la luz y se hallan en la parte posterior del ojo:

- a. Bastones
- b. Plaquetas
- c. Conos
- d. Pupilas

9 El nervio que envía señales del oído al cerebro se llama:

- a. Nervio óptico
- b. Nervio auditivo
- c. Nervio olfatorio
- d. Nervio del pabellón auricular

10 ¿Cuántos sabores distintos puede distinguir la lengua?

- a. 4
- b. 5
- c. 5000
- d. 4 000 000

Cuestionario

Hormonas y crecimiento

Responde a estas preguntas y comprueba las respuestas en la página 46.

1 Una hormona es:
- a. Señal eléctrica que controla una función del cuerpo
- b. Mensajero químico que controla una función del cuerpo
- c. Nutriente que guarda energía
- d. Nutriente creador de células

2 ¿Cuál de los siguientes elementos no produce hormonas?
- a. El páncreas
- b. La glándula suprarrenal
- c. Los ovarios
- d. La tráquea

3 Las hormonas se mueven por el cuerpo:
- a. A través de la sangre
- b. A través de los nervios
- c. Gracias a los huesos
- d. Mediante la comida

4 Marca los dos tipos de célula que se unen para crear un bebé.
- a. Espermatozoide
- b. Bastón
- c. Óvulo
- d. Neurona

5 Numera las siguientes palabras según las etapas del desarrollo de un bebé:
- a. Embrión
- b. Óvulo fertilizado
- c. Feto
- d. Recién nacido

6 ¿Cuánto tarda un bebé en desarrollarse en el vientre materno?
- a. 40 días
- b. 40 semanas
- c. 40 meses
- d. 40 años

7 A las 12 semanas, el bebé que se está desarrollando en el útero es del tamaño de:
- a. Un guisante
- b. Una fresa
- c. Un limón
- d. Un melón

8 ¿Cuántos cromosomas tiene cada una de tus células?
- a. 26
- b. 46
- c. 260
- d. 460

9 La etapa durante la cual el cuerpo del niño empieza a madurar se llama:
- a. Fecundación
- b. Pubertad
- c. Gen
- d. Respiración

10 Los cromosomas están hechos de una sustancia química denominada:
- a. NDA
- b. AND
- c. DAN
- d. ADN

11 La mayoría de las personas dejan de crecer a la edad aproximada de:
- a. 20 años
- b. 30 años
- c. 40 años
- d. 50 años

Soluciones

Soluciones de las actividades

Después de completar cada página de actividades, puedes comprobar aquí tus respuestas.

Página 14: Formas celulares
a 4
b 5
c 3
d 1
e 2

Página 14: Células y tejidos
1 Un solo tipo
2 200
3 Espermatozoide
4 Dos o más tipos

Página 15: Descubre el sistema
1 Respiratorio
2 Digestivo
3 Muscular
4 Circulatorio
5 Esquelético
6 Nervioso

Página 16: El juego del esqueleto

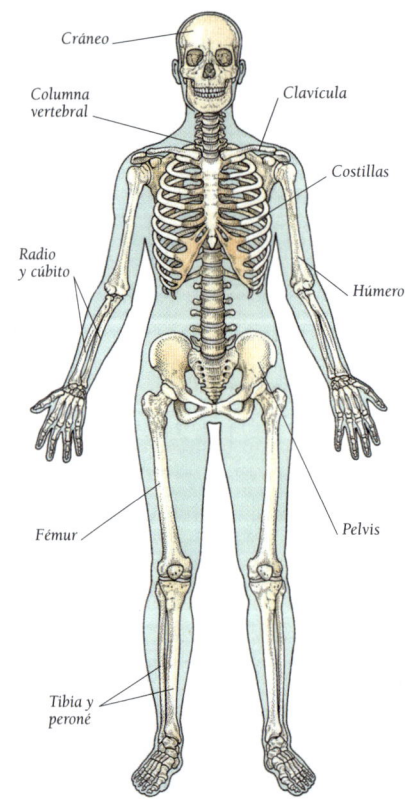

Página 16: Clasifica los huesos
1 Fémur (hueso de la pierna)
2 Calcáneo (hueso del talón)
3 Parietal (hueso del cráneo)
4 Esfenoides (hueso del cráneo)
5 Rótula (hueso de la rodilla)

Página 17: Las articulaciones
1 Enartrósica / hombro
2 Elipsoidea / muñeca
3 De bisagra / rodilla
4 En pivote / cabeza

Página 17: ¿Verdadero o falso?
1 Verdadero
2 Verdadero
3 Verdadero
4 Falso. El esqueleto deja de crecer, aproximadamente, a los 18 años.

Página 18: Tipos de músculos
1 Cardíaco
2 Esquelético
3 Liso

Página 18: Prueba de presión
Deberías ser capaz de repetirlo más veces en la segunda ocasión. La sangre fluye más rápidamente hacia abajo que hacia arriba, por lo que el oxígeno llega antes a los músculos de tu mano cuando esta pende que cuando la alzas. Gracias al oxígeno, los músculos se cansan menos.

Página 18: Prueba de relajación
Al relajarse, los dedos se juntan. Cuando no realizan ningún esfuerzo, los músculos esqueléticos vuelven a la posición de descanso, que pueden mantener con muy poca energía.

Página 20: Partes del encéfalo
1 Los pensamientos se elaboran en la parte frontal del cerebro.
2 Sensaciones como el dolor o el tacto son procesadas en la zona situada detrás del área del pensamiento.
3 El área ubicada sobre el tallo encefálico recibe e interpreta las señales acústicas.
4 La parte posterior del cerebro interpreta los datos que recibe de los ojos.

Página 20: Pon a prueba tu memoria
Es probable que el segundo día recuerdes muy pocos objetos, puesto que el cerebro los almacenó en la memoria a corto plazo.

Página 21 Cómo funcionan los reflejos

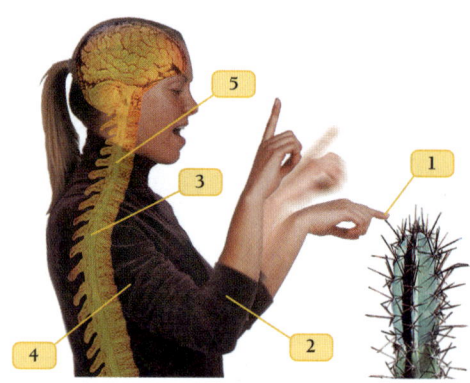

Página 21: Pon a prueba tus reflejos
Los receptores situados bajo la rodilla interpretan este golpecito como si la estuviéramos estirando demasiado y mandan una señal a un músculo del muslo para que se contraiga, de manera que la pierna se estire. Es imposible evitar este movimiento, puesto que se trata de un acto reflejo que el cerebro no controla conscientemente.

Página 22: Cómo funcionan los ojos
1 Pupila
2 Cristalino
3 Retina
4 Nervio óptico

Soluciones

Página 23: Engaña a tu cerebro
1 Las líneas del dibujo están tan juntas que tus ojos las registran con rápidos y bruscos movimientos, lo cual produce la sensación de que se están moviendo.
2 La inusual combinación de formas cuadradas y circulares confunde a tu mente y hace que vea las líneas azules curvas.
3 Esta imagen afecta al mecanismo que el cerebro posee para ver en tres dimensiones. Tu mente reconoce esta forma como tridimensional, aunque también es capaz de ver que no puede existir en la vida real.
4 El cerebro puede interpretar este dibujo como un conejo o como un pato, pero no puede percibir ambas figuras simultáneamente.

Página 23: Con los dos ojos
Deberías ver un agujero en medio de tu mano. Cada uno de tus ojos tiene una visión ligeramente distinta de lo que miras y el cerebro une las dos imágenes en una sola. Este mecanismo suele funcionar, pues las dos visiones se solapan en el centro. Sin embargo, si evitamos que esto ocurra interponiendo una barrera entre ambas visiones, provocamos resultados muy extraños.

Página 24: Cómo oímos

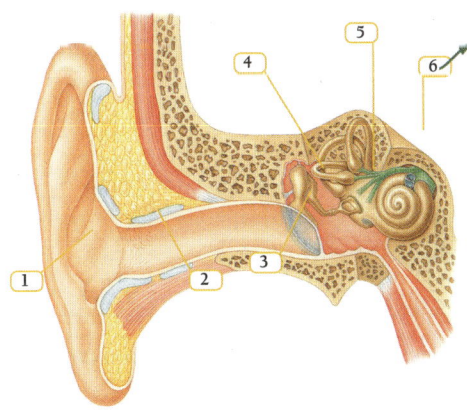

Página 24: Mareos
El agua sigue moviéndose, pero no así el vaso. Lo mismo sucede si damos vueltas y paramos: el líquido de los canales semicirculares se sigue moviendo, por lo que el cerebro piensa que el cuerpo todavía se mueve; no obstante, los ojos le transmiten el mensaje contrario. Estos mensajes contradictorios producen la sensación de mareo.

Página 25: ¿Frío o caliente?
4 Caliente
5 Fría
Los termorreceptores notan los cambios de temperatura; cuando pasamos el dedo del agua fría al agua templada, estos detectan un aumento de temperatura; en cambio, los termorreceptores que pasan del agua caliente a la templada detectan una disminución de la temperatura, y notan el agua fría.

Página 25: Bajo la piel
1 Epidermis
2 Dermis
3 Grasa
4 Glándula sudorípara
5 Vaso sanguíneo
6 Terminación nerviosa
7 Músculo
8 Pelo
9 Poro

Página 26: El desafío del corazón
1 Aorta
2 Arteria pulmonar
3 Vena cava
4 Vena pulmonar
5 Aurícula derecha
6 Aurícula izquierda
7 Ventrículo derecho
8 Ventrículo izquierdo

Página 27: El pulso
1 Una arteria
2 60 a 80
3 Aumenta
4 Equivalente a

Página 28: La curación de las heridas

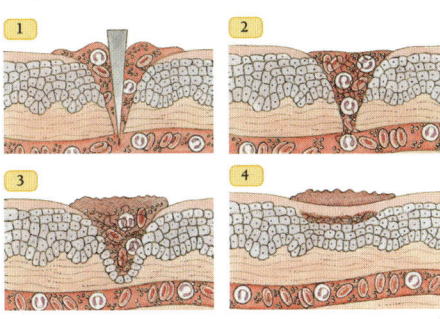

Página 29: Ejercicio de la respiración
1 Tosemos
2 Jadeamos
3 Estornudamos
4 Bostezamos

Página 29: Circuito de la respiración

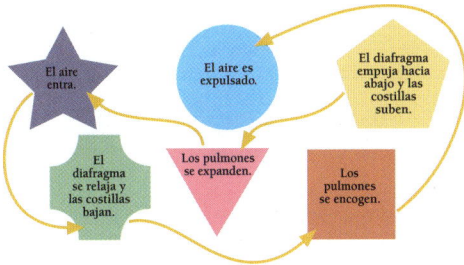

Página 30: Pirámide alimenticia
Grasas: chocolate
Proteínas: frutos secos
Fibra: manzana
Carbohidratos: pan

Página 31: Cinco sabores
Aceitunas: saladas; setas: *umami*; tocino: salado; helado: dulce; café: amargo; chocolate: dulce; papas: saladas; limón: ácido; pollo: *umami*; pomelo: ácido.
Estas suelen ser las respuestas más habituales, aunque el sentido del gusto de cada persona es distinto.

Página 31: Prueba del gusto
Tu amigo debería ser capaz de identificar más alimentos sin la pinza, puesto que con ella puesta solo cuenta con el sentido del gusto, que no es muy fuerte. Sin la pinza y con el apoyo del olfato es mucho más fácil saborear e identificar la comida.

Soluciones

Página 32: El interior de los dientes
1 La raíz del diente, en la parte inferior, está anclada en la encía.
2 La capa que recubre el diente, blanca y muy dura, es el esmalte.
3 Bajo el esmalte, la mayor parte del diente se compone de dentina.
4 La pulpa dentaria contiene nervios y vasos sanguíneos.
5 La corona es la parte visible del diente, por encima de la encía.

Página 32: ¿Verdadero o falso?
1 Verdadero
2 Falso. Deberías lavarte los dientes dos veces al día.
3 Falso. La placa puede deteriorar los dientes. La dentina es una sustancia que forma parte de los dientes.
4 Verdadero

Página 33: Horario digestivo
10 segundos: Tiempo que tardan los alimentos en llegar al estómago después de tragarlos
4 horas: Tiempo que permanecen los alimentos en el estómago
5 horas: Tiempo que tardan los alimentos en recorrer el intestino delgado
36 horas: Tiempo que permanecen los alimentos en el intestino grueso

Página 34: Partes del sistema urinario
1 Riñón
2 Uréter
3 Vejiga
4 Uretra

Página 34: Los residuos
1 La vejiga
2 Heces
3 Dióxido de carbono
4 La sangre

Página 35: Hormonas bajo control
1 Páncreas
2 Pineal
3 Suprarrenal
4 Testículos

Página 36: Desarrollo del bebé
a 2
b 4
c 1
d 5
e 3

Soluciones del cuestionario

Después de completar cada página de actividades, puedes comprobar aquí tus respuestas.

Página 38
Células, tejidos y órganos
1 a4, b2, c1, d3 2 c 3 d 4 c
5 a 6 a, b, d 7 a, c, d 8 d 9 b
10 b 11 d

Página 39
Huesos, músculos y ejercicio
1 d 2 d 3 b 4 c 5 a 6 b 7 d
8 b 9 b, c, d 10 b

Página 40
Corazón, sangre y pulmones
1 c 2 b 3 b, c 4 b 5 c 6 c 7 b, c, d
8 a4, b2, c1, d 5, e 3 9 a 10 b

Página 41
Estómago, intestinos y alimentación
1 d 2 a4, b1, c3, d2 3 b 4 c 5 b
6 c 7 c 8 a, c 9 b 10 c 11 a

Página 42
Cerebro, nervios y sentidos
1 d 2 a 3 c 4 b, c, d 5 c
6 a2, b5, c1, d4, e3 7 a, c, d, e, g
8 a, c 9 b 10 b

Página 43
Hormonas y crecimiento
1 b 2 d 3 a 4 b, c 5 a2, b1, c3, d4
6 b 7 c 8 b 9 b 10 d 11 a

Agradecimientos

Dorling Kindersley desea expresar su agradecimiento a:

Alyson Silverwood por la revisión; Kristina Routh por el asesoramiento para la edición de 2020, y Harish Aggarwal y Priyanka Sharma por la cubierta.

Los editores desean agradecer a las siguientes personas e instituciones el permiso para reproducir sus imágenes:

(Clave de las abreviaturas: a=arriba; b=abajo; c=centro; i=izquierda; d=derecha; s=superior)

DK Images: Denoyer-Geppert International 26sd; ESPL / Denoyer-Geppert International 42sd; The Science Museum (Londres) 43bi; Spike Walker (Microworld Services) 14sd.

**Las demás imágenes
© Dorling Kindersley**

Para más información:
www.dkimages.com

DATOS SOBRE EL CUERPO HUMANO

Órgano	Corazón	Encéfalo	Médula espinal
Función	Bombear la sangre	Controlar el cuerpo	Controlar el cuerpo
Sistema	Circulatorio	Nervioso	Nervioso
Tamaño	300 g de peso	1,3 kg de peso	45 cm de largo
Ubicación	Pecho	Cabeza	Columna vertebral

Órgano	Pulmones	Hígado	Páncreas
Función	Respirar	Distribuir los nutrientes	Ayudar a digerir
Sistema	Respiratorio	Digestivo	Digestivo
Tamaño	3 l de capacidad	1,5 kg de peso	15 cm de largo
Ubicación	Pecho	Abdomen	Abdomen

Órgano	Intestino grueso	Intestino delgado	Estómago
Función	Procesar los residuos	Absorber nutrientes	Digerir los alimentos
Sistema	Digestivo	Digestivo	Digestivo
Tamaño	1,5 m de largo	5 m de largo	2 l de capacidad
Ubicación	Abdomen	Abdomen	Abdomen

Órgano	Piel	Vejiga	Riñones
Función	Cubrir el cuerpo	Almacenar la orina	Producir orina
Sistema	Tegumentario	Urinario	Urinario
Tamaño	2 m^2 de área	500 ml de capacidad	12 cm de largo
Ubicación	Superficie corporal	Abdomen	Abdomen

RÉCORDS DEL CUERPO HUMANO

Récord	Persona más longeva	Persona más alta	Madre de más hijos
Nombre	Jeanne-Louise Calmert	Robert Wadlow	La esposa de Feodor Vassilyev
Estadísticas	122 años y 164 días	2,72 m	69 hijos de 27 embarazos
Fechas	Vivió de 1875 a 1997	Vivió de 1918 a 1940	Vivió de 1725 a 1765
País	Francia	EE UU	Rusia

Récord	Matrimonio más largo	Cabello más largo	Persona con los pies más grandes
Nombre	Thomas y Elizabeth Morgan	Xie Qiuping	Xi Shun
Estadísticas	Edades sumadas: 209 años y 262 días	5,63 m	33 cm de largo
Fechas	Casados de 1809 a 1891 (81 años y 260 días)	Medido en 2004	Medido en 2005
País	Reino Unido	China	China

TU CUERPO

Récord	Célula más larga	Movimiento más veloz	Músculos más activos
Parte del cuerpo	Neurona	Mensajes nerviosos	Músculos oculares
Estadísticas	Hasta 1,2 m de largo	400 km/h	Se mueven más de 100 000 veces al día
Ubicación	En todo el cuerpo	En todo el cuerpo	Ojos
Sistema corporal	Nervioso	Nervioso	Muscular

Récord	Hueso más pequeño	Hueso más largo	Parte del cuerpo más larga
Parte del cuerpo	Estribo	Fémur	Vasos sanguíneos
Estadísticas	Menos de 3 mm	46 cm de largo	100 000 km en total
Ubicación	Oído	Muslo	En todo el cuerpo
Sistema corporal	Esquelético	Esquelético	Circulatorio